U0864913

二泉映月

十六位亲见者忆阿炳

黑陶 著

ERQUAN YINGYUE

GUANGXI NORMAL UNIVERSITY PRESS
广西师范大学出版社
·桂林·

图书在版编目（CIP）数据

二泉映月：十六位亲见者忆阿炳 / 黑陶著．—桂林：广西师范大学出版社，2018.8
（极度文丛）
ISBN 978-7-5598-0799-1

Ⅰ．①二… Ⅱ．①黑… Ⅲ．①华彦钧（1893-1950）—回忆录 Ⅳ．①K825.76

中国版本图书馆 CIP 数据核字（2018）第 072191 号

广西师范大学出版社出版发行
（广西桂林市五里店路 9 号 邮政编码：541004
网址：http://www.bbtpress.com）
出版人：张艺兵
全国新华书店经销
湖南省众鑫印务有限公司印刷
（长沙县榔梨镇保家村 邮政编码：410000）
开本：880 mm × 1 230 mm 1/32
印张：6.625 字数：100 千字
2018 年 8 月第 1 版 2018 年 8 月第 1 次印刷
印数：0 001~8 000 册 定价：46.00 元

如发现印装质量问题，影响阅读，请与出版社发行部门联系调换。

●● 追摹无限逼近于真实的阿炳肖像

自序

失明者阿炳，长久地生活于社会和人世的黑暗低处。然而，正是因为此种复杂的“低”，使他酿制并最终为人类奉献出动人心弦的永恒音乐。

这位伟大的中国民间音乐家虽然辞世才半个多世纪，但他的身世，在当年似乎就已语焉不详。这从杨荫浏先生所撰《瞎子阿炳小传》《阿炳小传》的差异中，可以得到佐证。

本书的写作目的，就是试图还原阿炳，追摹一幅无限逼近于真实的阿炳肖像。为此，笔者通过数年寻访，最终找到了多位亲眼见证过当年阿炳生活的知情者。受访者们血肉丰满的感性回忆，也许，以单篇视之，无法避免个人主观的烙印，但是，众多这样的回忆集合在一起，我们是否能够这样判定：它们正在接近着某种真实与客观。

表现盲人音乐家阿炳的出版物，此前已经有过数种。不过仔细披览就会发现，它们均侧重于文学性的叙写或个人化的阐释，以第一手资料反映阿炳真实面貌的著作，至今阙如。

本书的写作，几乎是一种文化抢救，因为，书中所有访谈对象的平均年龄，在本书初版时的2010年，已经高达八十三岁。作为一名生活在阿炳故乡的作家，写作此书，自觉是应该承担的一份责任。

感谢无锡市公安档案馆提供阿炳户籍档案照片。感谢同事兼朋友汪自力的大力帮助。

感谢所有接受采访的老人（按年龄大小顺序排列）：邹鹏、黎松寿、朱学津、费逵、华寅生、许忆和、谈景清、张玉英、华钰麟、姚德云、钱宗奎、朱海容、尤茂盛和周仁娣夫妇、尤武忠、钟球娣。

阿炳不朽！

传达并呈示了人类心灵颤动和精神图景的阿炳音乐，不朽！

黑陶

目录

阿炳穷是穷，但志气蛮高

受访人：邹鹏
（1917 年出生，著名锡剧前辈艺人）

在江苏省无锡市学前街水乡茶楼门口（钱锺书故居就在近旁）初次见到邹鹏先生，我很难相信他今年已有九十高龄。邹老个子不高，精干灵敏，头戴一顶有鸭舌的旅游帽，一手拎个黑包，一手拿着小灵通和一张纸条正准备打电话——看上去，邹老最多是个七旬老人。

能够约到邹鹏先生进行访谈，要感谢锡剧研究专家钱惠荣先生的介绍，他们两人是多年的老友。于是，2006

年立冬后的第三天，邹老、钱老和我，有了水乡茶楼内半天的以阿炳为主题的愉快谈话。

邹鹏先生出生于无锡鸿山镇。鸿山最早为无锡县所辖，现在属于无锡市新吴区。鸿山历史深厚，人文荟萃，是吴地的一方圣土。周代为“让王”而从陕西逃至东南吴地，成为江南文明始祖的泰伯，最后就安葬于此。鸿山除了有泰伯墓外，还有先秦刺客专诸、要离以及东汉“举案齐眉”之梁鸿、孟光的遗迹。邹鹏先生出生在风水宝地，家境却十分贫穷。他三岁失去母亲，只上了三年私塾就失学回家。十八岁在家务农时，因避国民党抓壮丁，只身逃到了上海。经熟人介绍，在上海无依无靠的邹鹏到戏院的茶馆里做伙计。他经常送水到戏院后台，由此结识了无锡东亭人、锡剧艺术家“半天红”邢长发。后来，邹鹏先生便正式拜邢长发为师，开始了锡剧艺术的演艺生涯。

邹鹏先生这一代艺人，经历过时代的剧烈动荡。他讲的抗战期间的两个细节，我印象尤深。1937 年日军轰炸上海时，他正跟着师傅邢长发在四马路上的天蟾茶楼乡下书场演戏。邹老记得那天是很热的一天，他穿着香云纱，正在茶楼内的剃头师傅那里剃头，猛然间外面发生巨响，身边的玻璃全被震碎。他赶紧跑到外面，才知道是附近的“大世界”挨到炸弹了，过去一看，地上到处躺着人，有的腿没有了，有的肚肠露到外面来了，人死了很多。逃难回无锡乡下老家时，随身行李只有一皮箱舍不得放下的书。先是到上海的北火车站，这里火车已经停开了；再到南火车站，发现也围上了铁丝网。无奈之时，邹老看见前面的一个人从铁丝网中钻进了火车站，于是他学着前面人的样子，先把皮箱塞进去，然后人跟着爬进去。他刚进去，身后的一个人也学他，在钻网。可是，身后的这个人尚未钻出铁丝网，突然通电了，此人就被活活电死在了铁丝网内。

新中国成立以后，邹鹏先生曾在上海戏剧学院第一届戏曲导演系学习过两年多时间。1961年从学院出来后，邹老就在上海红旗锡剧团工作，直到1979年退休，返回无锡。

邹老现在身体健康、生活幸福。他告诉我，他老伴比他小一岁，身体也很好。今年九十岁做寿时，全家人拍了一张全家福，五世同堂，共有三十多口人。问他长寿秘诀，邹老回答一是身体底子好，二是生活有规律，保持心情愉快。他现在每天清晨四五点起床，到镇上茶馆喝茶吃面；喜欢素菜，荤菜主要吃鱼；一天两顿黄酒，每顿喝二两。

邹老给我的名片上，除了“上海戏剧家协会会员、江苏省锡剧研究会顾问、无锡市吴文化研究会会员”这些身份外，用大字号突出，表示他目前主要的工作和职务的是“无锡市鸿山风景区管理委员会顾问”。确实，退休以后，邹老几乎将所有的精力，都投入到地方人文历史资料的收集、整理和保护之中，人称他是鸿山地区的“活字典”。巧得很，这次见面，他的《鸿山胜境》刚刚由镇里印出，于是，钱惠荣先生和我，都有幸得到了邹鹏先生的一本散发着油墨清香的新书。

我同阿炳熟悉，是因为我的师傅邢长发。

我师傅邢长发和阿炳都是无锡县东亭人，我师傅家在东亭黄草渡莫宅里，阿炳家在东亭小泗房巷，他们两个算是“同窠兄弟”。我师傅成为滩簧艺人（滩簧，早期锡剧的叫法——笔者注）之前是裁缝，阿炳总是到他那里去做道袍，加上两个都喜欢拉琴唱戏，所以交情很好。

1937 年热天日本人轰炸上海，我掮了一箱书回老家鸿山避难。在家大概一个月后，我师傅邢长发也回到了无锡。我和师傅关系很好，师傅待我如兄弟，他一生就只收过我一个徒弟。他回无锡后，先到鸿山找我，把我带到了东亭他家里。

在东亭没几天，我师公、邢长发的师傅袁仁仪也从上海返回了无锡。

师公袁仁仪是无锡县羊尖严家桥人，严家桥是锡剧的发源地。师公是拉胡琴能手，早年自拉自唱《游码头》

现代锡剧创始人袁仁仪

等滩簧戏，红遍无锡东乡。后来锡沪铁路开通，师公带了一把胡琴闯进上海，又成为红遍上海的第一代无锡滩簧艺人。师公在上海“大世界”演唱时，曾由美国的胜利唱机公司灌过留声机唱片。因为影响大，师公的朋友、“大世界”老板黄楚九还专门送了房子给师公在上海住。

师公这次回无锡，一是逃难，二是回老家祭祖，三是吃喜酒。他到无锡后，先来东亭，在徒弟邢长发家落落脚。

阿炳这时正好也在东亭老家。为什么会在东亭？因为无锡城也被日本人占领了。据说在城里时，有一天阿炳出光复门没有脱帽鞠躬，日军罚他在城门口站立了一个小时。阿炳气不过，就回了东亭。在老家，阿炳自编《祸根》，骂“东洋鬼子”，大概意思是：“说起新闻，话起新闻，新闻出勒，啥格场亨（无锡话：啥地方）？出在无锡，光复城门。来了几只，东洋疯狗，百姓进出，勿得安宁。这群疯狗，吃了中国白米，勿认识中国百姓，乱叫乱咬，伤害主人，实在可恨。我们四万万同胞，必须团结齐心，举起铁拳，歼灭疯狗，赶走鬼子，中国百姓，永保太平。”

在东亭，阿炳一般到街上的小菜场卖唱。这天上午，我和师傅邢长发、师公袁仁仪到东亭镇上的北街茶馆吃茶，我师母则去小菜场买菜。师母和阿炳也熟悉，并且欢喜听阿炳拉琴说唱。这天在菜场，师母和阿炳攀谈了几句，并且买了两只馒头送给阿炳。当阿炳得知我师母买菜是为了款待袁仁仪时，不禁喜出望外，因为阿炳知道，我师公袁仁仪是红遍上海的滩簧艺人，最主要的是胡琴拉得特别好。于是，阿炳当即便要跟我师母回去拜见袁仁仪。当他听说我们正在镇上的北街茶馆吃茶时，就马上赶到茶馆寻访。阿炳到茶馆时，我们叫的三碗“鱼肉双浇面”刚好端来，我就把我这碗先让给阿炳吃，但阿炳坚决不吃，嘴上还连说“吃过了，吃过了”。经师傅邢长发介绍，阿炳在茶馆初次认识了袁仁仪。这是我第一次正式见到阿炳，他的“知趣”，我印象很深。

想不到的是，当天下午两三点钟，阿炳背了胡琴，拄着一根青竹棒，竟一个人摸到了黄草渡莫宅里我师傅的家中。从东亭街上到莫宅里，有三十分钟的路程，中间还要摆一个黄草渡。阿炳到时，他发黑破旧的蓝布长衫上到处是烂泥，明显是路上跌跤了。阿炳来的目的很清爽，就是恳请师公袁仁仪指教琴艺，尤其是《梅花三弄》的拉法。师公见阿炳学艺心切，就为阿炳拉了一曲《梅花三弄》。这支又称为《三六》的曲子师公造诣尤其深，因为旧时滩簧戏开场前，必定要先演奏这支曲子作为闹场。一曲拉完，果然非同凡响，听得阿炳赞不绝口，当场就要拜师公袁仁仪为师。但师公没有接受，表示大家"轧个朋友吧"。尽管这样，阿炳还是自己跪了下来，叫了师公一声"先生"。这时已近傍晚，天就要黑了。师傅和师母见阿炳浑身是泥，一定要叫他住下来；师母还拿出师傅的衣服，要阿炳洗个澡，换身干净衣服。而且这天晚上为了招待师公，师傅家吃馄饨——在江南农村人家，吃馄饨是隆重的礼节，一般遇到特别日子或有贵客来才会这样"奢侈"。但阿炳不要说住下，就是留下来吃馄饨，也说什么都不肯。师傅没有办法，就对我说，文标（"邹文标"是我在唱滩簧时用的艺名），你送阿炳过黄草渡。早上不肯吃"鱼肉双浇面"，晚上又不肯吃馄饨，阿炳的这种"知趣"和"志气"，让我暗暗佩服。

阿炳虽然眼睛看不见，但他拄着竹棒走路比一般人还要快。我送他的路上，他对我印象很好，和我拉家常，称我为"阿弟"。黄草渡是无人渡船，船的两头各系了一条绳子和岸上相连。渡过河后，我把阿炳一直送到了东亭街梢头，他对我很感激。

第二天一早，师公袁仁仪要回严家桥自己家，师傅邢长发就叫了一辆黄包车送他回去。送完师公后，师傅和我又到东亭北街茶馆吃茶。正巧，在茶馆又碰到阿炳。阿炳听到师公袁仁仪已经回了严家桥的消息后，感到很失望，他觉得昨天的见面不过瘾，表示要到严家桥再当面请教师公。看到阿炳坚决要去，我师傅邢长发就想帮阿炳叫辆黄包车，但阿炳谢绝了，他自己硬是走路到了严家桥，第三次拜访了我师公袁仁仪。

所以，阿炳的琴拉得好绝不是天生的，从他三访我师公袁仁仪这件事上可以看出，阿炳特别虚心好学。听说为了拉好一曲《梅花三弄》，阿炳先后共拜访过十八位有名的琴师。

不久，时局稍微平静下来，无锡城内的商店逐渐开业。我师傅邢长发带着他的搭档巧云和我，来到无锡西城门外的橹店弄，在面对护城河的一座茶楼上坐唱锡剧谋生。正好这时阿炳也从东亭回到无锡来了，他得悉我们在橹店弄茶楼演唱，就每天晚上到场子里来帮着拉胡琴。那时候我们在茶楼唱《珍珠塔》《玉蜻蜓》《玉连环》《合同记》等戏，时间一般是晚上六点到九点，阿炳不要报酬，真的几乎是天天晚上过来拉琴。

在橹店弄的茶楼我们唱了整整一个月。这一个月中，我和阿炳从相互熟悉，到慢慢结下了深厚的忘年友谊。

一个月中，我也经常到阿炳在崇安寺图书馆路的家中，因为师傅常叫我送些点心吃食给阿炳夫妻。阿炳家中是一塌糊涂，没有一件像样的家具。阿炳的老婆董彩娣也抽大烟，我叫她“阿彩”，她个子比阿炳矮，讲话有点不着不落，看起来笨手笨脚的。

橹店弄茶楼演唱结束后，师傅要带我们重回上海组班唱戏。阿炳很舍不得我们走，临走的前一天，他特地把他的那副红木尺板送给了我，说让我做个纪念。我至今珍藏着阿炳送我的这副尺板。

橹店弄告别后，再见到阿炳，已经是几年以后了。记得是20世纪40年代初，我从上海回无锡升泉楼唱戏。升泉楼就在崇安寺地区，和阿炳所在的雷尊殿靠得很近。当时唱戏，都会在戏楼外将演员的名牌挂出去做广告。在升泉楼第一天演出的当晚，阿炳就由阿彩搀扶着来找我。我记得很清楚，当时我已经化好了妆，正等着上台。忽然传话说门口有人找我，出去一看，原来是阿炳和阿彩。几年未见，阿炳老了许多，衣衫更破了。他没有像过去习惯的那样叫我“阿弟”，而是改称我为“文标”。因为马上就要上台，没有时间多说话，我就和阿炳约好第二天早上在附近公花园（现无锡城中公园——笔者注）的同庚厅吃茶，又塞了五块钱给阿炳。阿炳客气推辞，但我

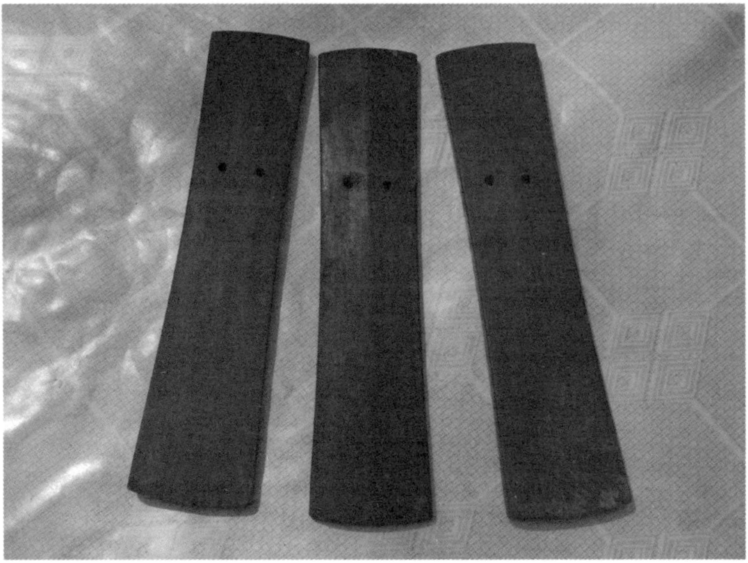

阿炳用过的尺板

还是硬塞给了他。

第二天早上，我和阿炳在公花园同庚厅见面，叙谈了很久。我请他吃茶他不要，但作为茶点的生煎馒头他要，不过当时阿炳不吃，问他为什么，他回答“屋里头还有人没有吃”，他要把生煎馒头带回家。

接下来的两天一直落雨。第三天天晴了，我和锡剧演员郑永德在同庚厅吃早茶，这时阿炳来了。很明显，这两天阿炳过得很不好，而且还饿着肚皮。因为阿炳是靠天吃饭的，落雨天就不能出去卖唱做生意，不出去自然就没有进账，没有进账就要饿肚皮。看到阿炳这个样子，郑永德随手摸出了两块钱，我也拿出了十块钱，但最后，阿炳接受了我的钱，郑永德的钱他怎么也不肯收，不是嫌少，阿炳表示，和郑永德以前没有交情，而没有交情的钱他是不能收的。

战争期间，戏楼的生意很清淡，观众不多。我在升泉楼并没有唱多久，就准备离开无锡到常州。临走之际，我带了点钱和一盒蛋糕去看阿炳。这次，阿炳收下了蛋糕，而钱则是坚决不肯收了。这是我和阿炳的最后一次见面。

阿炳穷是穷，但志气蛮高——这是我对阿炳最深的一个印象。

2006 年 11 月 14 日

城中公园（公花园）一角

我亲历了《二泉映月》的最初录音

受访人：黎松寿
（1921出生，音乐教授，《二泉映月》的发掘抢救和传播者）

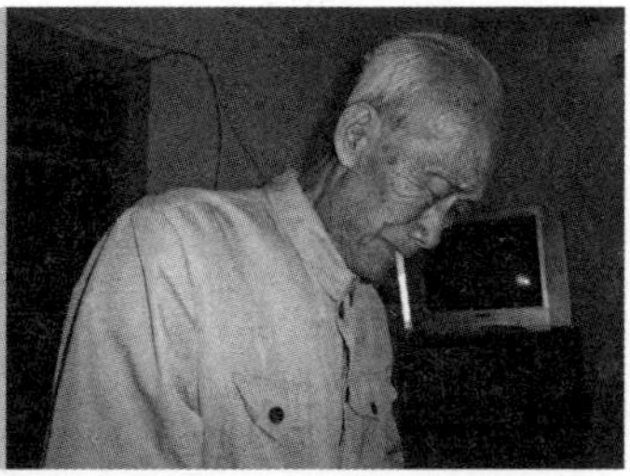

祖籍广东、在无锡长大的黎松寿先生，从南京师范大学音乐学院退休后，一直住在南京。去采访他的前一天我们通电话，黎先生用很响的声音在电话中对我说："欢迎你来！"并且叮嘱我到南京后，在南师大校门口给他打电话，"我来接你"。

在无锡乘早班火车前往南京，八点半抵达后，直接坐出租车到宁海路上的南师大随园校区大门。宁海路很窄，站在古旧的校门口，给黎先生家里打电话。是他本人接的，“就在那里等我，五分钟就到”。身后的南师大校园内树木蓊郁，散出浓厚深沉的学院之气。五六分钟后，果真，一位高个子的老人出现在我的视线里。他很瘦，头戴布质的遮阳帽，上身是一件灰白的中山装，裤子是感觉已经洗软了的牛仔裤。是的，他就是黎松寿先生。他和我握手。八旬的老人并没有蹒跚之态，相反，过马路时的身手还颇为矫健。

黎先生家所处的地名很有意思，叫“北东瓜市”，就从南师大校门马路斜对面的一条巷子进去，步行百余米即到。

这是一幢习见的七层水泥楼房，是南师大建造的博士楼。据黎先生夫人曹志伟女士介绍，他们从1971年起就住在了这里，七层水泥楼的前身是三层木楼，木楼时代他们住三楼，1997年木楼拆除再加层改造成水泥楼后，他们就改住现在的一楼了。

室内相当简旧，几乎没有装修。这是一套三室一厅八十多平方米的房子，据说现在小儿子一家和两位老人同住。进门是客厅，中间摆了一张明显有了年代却十分洁净的原木色八仙桌；进门右侧是厨房和一个房间，左侧有两个房间，卫生间就在门旁。黎先生夫妇住在靠卫生间的那间，房内因为东西多而显得有些拥挤。一张大床，床前有一面嵌镜子的硕大旧衣柜，柜顶上堆满了东西，有盖了报纸以防灰的旧皮箱，箱旁是一只很大的“格兰仕”纸箱。大衣柜一侧是五屉柜以及上面的熊猫牌电视机和VCD机。电视机后面的墙上还临时钉了两排搁物架，放了一些罐子和盒子。床侧靠里墙还有一只衣柜；床的另一侧，也即靠房间窗下的地方，是一张写字桌，桌上同样堆满了书籍资料等杂物；床侧的衣柜和房间窗户之间，还凌空拉了根绳子，绳子上挂了毛巾和几个玉饰挂件。

黎松寿先生自小家境不错，其父黎才生是第一任无锡火车站站长，业余时间喜欢操琴弄曲。他本人早先学的是纺织工程，又在铁路上工作过一段时间。因为受家庭熏陶从小喜爱音乐，再加上后来结识了杨荫浏（1899—1984）、曹安和（1905—2004）、储师竹（1901—1955）这中国现代音乐史上的杰出“三友”，从此改变人生，走上了音乐之路。黎松寿先生1950年在苏南文教学院艺术系兼音乐课；1952至1954年，任教于江苏师范学院音乐系；1954至1956年，任教于华东师范大学音乐系；从1956年起到退休，一直在南京师范大学音乐系执教。在南京待了这么长时间，而且退休后还是住在南京，黎先生自己都连称没有想到。

本意在午饭前结束采访告辞，但他们热情挽留吃饭。黎夫人出去买了熟龙虾和南京盐水鸭。三人都喝一点啤酒。黎先生说以前喜欢喝白酒，但现在啤酒都不敢多喝

阿炳故居内景

了。席间，黎夫人要求早点吃完再谈，黎先生则更愿意边吃边聊。我问这对老人当初是怎么认识的，黎先生接口就说："当然是她追求我，不信你问她！"幽默的神情之间，显现出他年轻时代的某种顽皮影子。

（补记：2010 年 5 月 25 日，黎松寿先生因肺部感染，医治无效，在南京辞世，享年八十九岁。）

我和阿炳认识，直接原因是住得很近。我们家住无锡城里的图书馆路 4 号，与 30 号阿炳所在的雷尊殿近在咫尺。

20 世纪 20 年代末，我和图书馆前的一群童年伙伴常去雷尊殿大殿上做游戏，到大殿对面阿炳矮平房内听他说新闻讲笑话的时候，阿炳已经双目失明，以上街卖唱为生。

当年洞虚宫雷尊、火神二殿合用的山门日夜开着，门楣上有"古三清殿"砖刻。进山门，甬道东侧是雷尊殿，西侧是火神殿。雷尊殿在我小时候已经破败不堪，殿内供着雷公、电母，两边是风伯、雨师等塑像。

阿炳的矮平房有三十平方米左右，屋内桌椅残缺不全，床是竹榻，灶是行灶，可以说是家徒四壁。

我们一家都非常喜欢音乐，我父亲六十岁还在学拉小提琴。我上小学时，父亲就为我买了把高档次的老红木二胡让我练琴。因为在音乐上有共同语言，又住得近，所以我们一家和阿炳交往较多。阿炳晚年，我做中医的舅舅陆同坤，我的哥哥黎松祥——当时是无锡普仁医院的胸科主任，都曾去看望诊治过阿炳的病。我跟阿炳之间，有二十年左右的师友情、忘年交的历史。

阿炳当年总叫我的乳名松官，而要我叫他阿炳。

阿炳个子比我矮一点，我是一米七六，他在一米七二到一米七四之间。阿炳方面大耳，鼻正口方，头上有个用小辫子绾成的道士发髻。他脸色黄里透青，嘴唇上有几根八字胡须。阿炳最引人注目的是歪戴在鼻梁上的那副墨镜，墨镜的一条腿已经掉了，只好用条细绳圈套在耳朵上，于是整副眼镜就一高一低地挂在他的鼻梁上，让初次看到的人哑然失笑。

我以为，二胡、琵琶、说新闻是阿炳的艺术三绝。

阿炳现在是以音乐艺术著称于世，但是在他生前，社会影响最大、最受群众欢迎、最能说明这位街头艺人刚强不屈和峥嵘傲骨性格的，还是他独创一格的“说新闻”。“说起新闻，话起新闻，新闻出勒，啥府啥县，啥格地方？”这是阿炳每次说新闻的开场白，然后再正式开始，四字一句往下说。阿炳基本上每天下午两点左右在崇安寺三万昌茶馆门口，站在借的一张凳子上说新闻。他敢说敢唱，勇于为劳动大众打抱不平。1950 年我们为阿炳录音时，没有把他演唱的那些嬉笑怒骂皆成文章的“说新闻”录下来，实是一大憾事。

阿炳的琵琶技术，据他自己讲是他父亲华清和传授的。实际上他本人也勤学苦练，善于学习。抗日战争前，著名的苏州评弹艺人张步蟾来无锡的观前街蓬莱书场演出弹词《双金锭》。张步蟾是琵琶好手，每逢阴历初三、初六、初九，他在开书前总要先弹一首琵琶曲酬谢观众。阿炳知道后，每次都按时站在入口处，聆听他的演奏，琵琶弹完开始说书时方才离去，风雨无阻。后来张步蟾了解到情况，感其诚恳，向阿炳传授了演奏琵琶的心得。阿炳的琵琶曲《龙船》实际就是张步蟾教的。阿炳的琵琶技术就是这样越来越好。在崇安寺场子上，阿炳每次必弹琵琶曲《龙船》，以此吸引听众。他每次都将琵琶横放在头顶，高举双手边弹边解释琴声所显示的音乐形象："锣鼓敲起来了，第一条龙船来哉，第二条又赶上来哉，第三条龙船……"有声有色，煞是热闹。

阿炳的艺术三绝，绝中之绝是他的二胡演奏技艺。阿炳的二胡技艺，可以说是前无古人。

阿炳二胡厉害在两根弦。一般人的二胡都配用丝质中弦和子弦，阿炳却用粗一级的老弦和中弦。两根弦绷得又紧又硬，手指按弦非用足力不可。阿炳的双手满是老茧，右手的拇指、食指和中指，左手的掌面以及除拇指之外的四个指的指面上，处处是苦练的标记。他所拉二胡的音色又糯又甜，而且甜而不腻，糯而不黏。他的琴音嘹亮异常，音波传递极远，根本无须借助话筒扩音器等电声设备，当年只要一踏进崇安寺山门，就能听到阿炳的胡琴声，崇安寺里很闹声音很杂，但是随便什么声音都压不住他的琴声。阿炳的二胡声有股不可抗拒的艺术魅力，瞬间便能引发听者心灵的共鸣，使你的心潮随着乐曲的旋律而起伏荡漾，听过他演奏的人无不有着“一曲难忘”之感。可是这位身怀绝技的超人，在旧社会里始终湮没无闻，没受到社会应有的重视。我一直为阿炳的怀才不遇而抱冤叫屈。

抗战胜利后的1946年，我到南京，在下关火车站工作。1948年冬天我第一次和杨荫浏先生见面。杨先生大我二十二岁，老家在无锡的留芳声巷42号。杨先生作为著名的音乐理论家，当时在南京古林寺前的国立音乐院当教授。他对我特别好，记得新中国成立前，南京兵荒马乱，他特意叫学生把我从下关火车站宿舍接到音乐院内，和他同住一个房间，这是后话。认识杨先生后，经他介绍推荐，我跟他的同事、著名二胡演奏家储师竹先生学二胡。储先生是宜兴人，名气很大，是刘天华先生的大弟子。

1949年冬天的一天，我去储先生那里上课。因为天冷，正式上课前，我想先活络活络手指，无意间便拉出了后来定名为《二泉映月》的这首曲子的某一段旋律，并顺势拉了下去。在一旁的储师竹先生听着听着，认真起来，不待我拉完，忙说，停一下，停一下，这是什么曲子？对储先生突如其来的提问，我也感到奇怪，就回答说，这是我们无锡的民间艺人瞎子阿炳上街卖艺，边走边拉的曲子。这是什么人作的，曲名到底叫什么？储先生步步紧逼。我也问过他好几次，他老是说瞎拉拉的，没有什么名字。我这样回答。

你能把它完整地拉一遍吗？赶快拉！储师竹先生迫不及待。

这首曲子我在无锡听得太熟悉了，凭着记忆，我完整地把它演奏了一遍。凝神屏气的储先生听完之后，用异乎寻常的激动口吻说，这是呕心沥血的杰作！绝不是瞎拉拉就能拉出来的！

接着，储先生问我是否认识阿炳，我告诉他，我们两家相距很近，不仅熟悉，而且两人相处也很不错。储先生大感兴趣，那次没有上课，他要我专门聊聊阿炳。

我把阿炳的家庭身世和坎坷经历简单地讲述了一遍，并告诉储先生，除了这首乐曲，还听他拉过其他几首……谈话间，杨荫浏先生正好进来，他听到我们在谈阿炳，也插进来说，你们说的这个华彦钧（阿炳道名），也是我的琵琶先生，我十一岁就向他学过琵琶，那时他只有十七八岁，但已经是无锡城里有名的音乐道士了；此人确实有才华，他双目失明后，我还曾向他讨教过梵音锣鼓。杨先生还对我开起玩笑：听你讲，先前曾向阿炳请教过胡琴要领，这样叙起来，我们还是同一师门呢！

我向两位先生介绍，此时阿炳已长期在家休养，时常吐血，靠卖些治“丹毒”的草药偏方，加上同居的女人董催弟——很多地方写成董彩娣，但应该是董催弟——的孩子接济，勉强糊口度日。

杨先生听完后，深为其忧，要我下次回无锡后，代向阿炳问好，并关照我要设法尽快把阿炳的曲调全部记录整理下来，不能大意失荆州，再耽误就恐怕来不及了，一旦失传会抱憾终身！杨先生神色凝重。储先生在一旁也一再叮嘱。

这年清明，我回无锡见到了阿炳，转达了杨荫浏先生的问候。阿炳面色黄里泛青，比以前清瘦，不过精神尚可。寒暄过后，我向阿炳提出要听他拉一曲，并且指明要听他以前每晚边走边拉的那支曲子。阿炳几番辞谢，但经不住我一再央求，终于拉了。那情景交融、如泣如诉的旋律又一次深深打动了我。家喻户晓的这么好的曲子，为什么不取个动听的名字，而总是说瞎拉拉的呢？听完后我又问。阿炳笑着说，你以为我哄你？哪里有名字，又没人想学它。我立即接话，我们都想学，杨先生和我的老师储师竹先生都爱你的曲调，叫我把它写成谱，将来介绍给音乐院学二胡的学生，让它一直传下去。你怎么把我的丑出到音乐院去？阿炳不好意思。这不是出丑，杨先生、储先生都非常赞誉你。真会是这样？阿炳半信半疑。我对阿炳说，我已经凭记忆把曲谱写出了小样，并请求他再拉几遍，越慢越好。阿炳听后又从头到尾拉了两遍，我发现曲谱小样除了主旋律的乐句在第二次演奏中少出现一次外，其余无甚差别。再加上演奏用的弓法指法，这首日后名扬中外的暂无曲名的二胡独奏曲的初稿便形成了。

回到南京后，我把记录的曲谱请两位老师审阅。两位老师问我，阿炳是否还有其他二胡曲，我说不但有，还有琵琶曲。

我以前就想自己出钱陪阿炳去上海唱片公司灌唱片，但他不肯去。我向两位老师提出，曲谱记得再好，也无法记录他高超的演奏技巧，最好把音录下来。

杨先生听后说，他最近看到一份音乐资料，说国外已有携带式钢丝录音机，如果音乐院有的话，就尽快去无锡。

但愿录音机能早日到手——我的潜台词是，就怕阿炳等不到这一天了。

杨先生好像明白我的意思，十分自信：一定会如愿以偿的。

没过几天，南京和无锡同时宣告解放了。

新中国成立之后，原国立音乐院正式改名为中央音乐学院，并由南京迁往天津，马思聪任院长。学院成立了民族音乐研究所，杨荫浏先生任所长，杨先生的表妹曹安和教授和储师竹教授任研究员。约莫是在 1950 年 6 月，储师竹先生告诉我，音乐研究所已配发了从外国进口的一台携带式钢丝录音机。

我立即写信给杨荫浏先生，反映阿炳身体很差，建议速到无锡录音。杨先生回信，称暑假就来。

我把这个消息转告阿炳。阿炳听说要为他录音，只说这是混饭吃的玩意儿。我反复劝说解释后，阿炳才勉强同意：免得扫你们的兴，说我阿炳勿受人抬举，让我试试再决定吧。

1950 年 8 月下旬，杨荫浏、曹安和两位先生回无锡过暑假。到了之后，要我马上与阿炳约定录音日期，并要我找一安静场所录音，以免杂音干扰。

阿炳已经很久没摸乐器，而且这时他自己家中已没有可用的乐器。我们帮他从无锡的中兴乐器店借来二胡，曹安和先生则借给阿炳琵琶，阿炳练了几天，以便录音时更有把握。

我的岳丈曹培灵当时在无锡佛教协会主事，因此录音场所就定在公花园旁边佛教协会所属的三圣阁内。

1950年9月2日晚上，我亲历了世界名曲《二泉映月》最初的录音过程。

当晚在录音现场的共有八个人：阿炳、董催弟、杨荫浏、曹安和、无锡祝世匡、我本人、我爱人曹志伟、我岳丈曹培灵。——现在这八个人就只剩下我和我爱人这一对了。

晚上七点半，杨荫浏和曹安和两位先生在三圣阁内静静恭候着阿炳的到来。

阿炳刚进门，就大声喊，杨先生，杨先生久违久违，想煞我了！

大家注意到在董催弟的搀扶下，阿炳身背琵琶，手执二胡，穿戴得很整齐，梳洗得干干净净，脸上也很有光彩。

杨先生闻声出迎，手挽手地把阿炳引入阁内，代他放好乐器，请他入座。

小叙片刻后，阿炳问，怎么录法？

我喊一二三后，你就像平时那样拉，从头到尾奏完一曲，中间不要说话。杨先生边答边问，你先拉二胡还是先弹琵琶？

阿炳说，你先听听胡琴再说。于是杨先生要求在场人员保持肃静，并要曹安和先生做好录音准备。

录音机启动，钢丝带缓缓地转动起来。这首阿炳多少年来琢磨修改过无数遍的乐曲，一下子拨动了每个人的心弦，引起了强烈的共鸣。两位著名的民族音乐教授

钢丝录音机

被震慑住了。杨先生还暗暗向我竖起大拇指。

大约五分钟后，曲调在渐慢中结束。阿炳在最后一个“5”音上习惯地将一指从高音区滑向琴筒处，以示全曲终结。

啪，曹安和先生停止了录音钢丝的运转，继而把开关向左一拧，只见钢丝飞快地倒转。从陶醉中醒来的杨先生带头鼓掌，连说，太妙了，太妙了！难得啊，难得！

自病自知，我手上功夫已不如从前，见笑了。阿炳摇头谦虚。

杨先生表示要向广大的音乐爱好者和全国音乐院校介绍，这首曲子一定会受到音乐界的重视和欢迎的，接着向阿炳询问，曲名叫什么？

阿炳回答没有名字。杨先生坚持要有一个名字。

想了很久，阿炳说，那就叫它《二泉印月》吧。

杨荫浏和曹安和两位先生听了，都觉得这个曲名不错。

我在一旁静听，大脑也在不停运转：20世纪30年代初广东音乐风靡江南一带，粤乐名家吕文成创作的《三潭印月》，阿炳曾经学习过，并受它影响不少。我就把杨先生拉到一边，提醒道，阿炳曾学过《三潭印月》，曲名会不会因此触发？

毫无雷同可言，这两支曲风马牛不相及，杨先生这样表示，并向阿炳提出，印月的“印”字，改成映山河

1950年阿炳演奏的《寒春风曲》钢丝录音带（无锡博物院提供）

的“映”字可好？

阿炳欣然同意。

这时录音钢丝倒好，随即，机器内扬声器响起了《二泉映月》。

坐在录音机旁的阿炳激动不已，他沿着桌子摸索，双手抱好钢丝录音机大声叫道，催弟，松官，听到没有，一点没错，这是我拉的，这是我拉的！又说，这东西像有仙气似的，不然哪能马上放出来……曹先生你把声音放响些，不，还要放响些……

放完录音，阿炳问杨先生，还能不能重放？杨先生告诉他，照说明书上说，能连续放十万次也不失真。阿炳很是惊奇，天真地说，这台机器贵不贵，我也想买一台玩玩呢。

然后，又录制了二胡曲《听松》和《寒春风曲》。第二天，又在盛巷曹安和先生家里录制了琵琶曲《大浪淘沙》《昭君出塞》《龙船》，全都是一次通过。

由此，阿炳创作的《二泉映月》等民族音乐瑰宝，正式展开双翅，将伴着它的作者一飞冲天了。

1950 年 9 月 2 日第一次为阿炳音乐录音，当年的 12 月 4 日他便因病去世。阿炳生命最后的三个月中有两件事，我至今难以忘记。

第一件事情。录音后不久，1950 年 9 月 25 日，无锡

1950 年录音时阿炳所弹的琵琶

牙医协会在大洋桥堍泰山饭店太湖厅举行成立大会，我的岳丈曹培灵被推为牙医协会的会长。那天，我陪同阿炳应邀参加庆祝大会的文艺演出。在会上，阿炳表演了顶弹琵琶《龙船》的绝技，又演奏了他最心爱的、新中国成立前总在无锡夜空回荡的二胡曲《二泉映月》。阿炳的演出博得了听众的热烈欢迎，雷鸣般的掌声、喝彩声久久不息。演出结束后，不少听众还围着阿炳亲切地问他的生活起居如何，健康情况怎样，等等。这次演出是阿炳平生第一次堂堂正正坐着在舞台上演出，也是他最后的一次演出。

第二件事情。大概在1950年11月中旬，杨荫浏先生从天津给我来信说，中央音乐学院院方已同意师生们的建议，决定邀请阿炳去音乐学院举行二胡、琵琶独奏音乐会，并且嘱咐我陪同阿炳老两口北上。当我拿着信，前去向阿炳报告这个好消息时，他已旧病复发，吐血不止。卧床不起的阿炳明白信中的内容后，两行眼泪，落在了这个几乎从来没有哭过的硬汉子的脸上。我清楚地记得当时他对我说的话：

我恐怕去不了了。谢谢共产党，谢谢杨先生和你们对我的关心！

2006年5月9日

我画的是阿炳生前最典型的形态

受访人：朱学津
（1924 年出生，无锡业余画家）

我拜访朱学津先生的地方，是在无锡这座城市的高处——无锡市中心某幢高楼的二十六层，这里是朱先生的女儿家，宽敞的室内布满透进来的初春阳光。在春节前的那场南方大雪中，朱先生的夫人李元英女士不幸摔伤了腿，所以两位老人离开原来居住的江海新村，暂时住到了女儿家。

朱学津先生出生在无锡市郊的东北塘，其父朱云亭是无锡有名的中医。朱先生是独子，上面有两个姐姐。虽然是独子，不过他并没有子承父业，因为他认为中医的经络气血阴阳之类比较玄，他不大喜欢。朱先生无锡辅仁中学毕业后，先是考入中央大学学经济，抗战胜利后又到上海法学院学法律。学成后返锡，先在银行工作，再在无锡的《晓报》（1950年元旦创刊，1954年2月1日停刊）做过一段时间的副经理兼广告部主任。1951年又转赴上海，在工厂做会计。直到1964年，为支援三线建设，朱先生离沪入川，工作于四川江油的长城特殊钢公司二分厂。在川九年，1973年因身体原因，病退回到老家无锡。

朱学津先生身材高朗，戴眼镜，有儒雅的风度。他确乎是多才多艺，拉琴吹笛，唱戏画画，无所不通，其中尤以绘画最为热爱和专精。他给我看过一页手写的“艺术简介”，专项介绍了他的绘画。朱先生在上中学时就自学《芥子园画谱》，得到过画家钱松岩、胡汀鹭的指导。十八岁时与画友成立了“青年艺术研究社”，在无锡公花园的池上草堂办过画展。1951年到上海后，又在工人俱乐部师承画家哈定学油画。入川后，在江油的厂里绘制过多张巨幅的毛主席油画像。他至今保存有一张当年画作的小照片，照片说明是：“毛主席去安源（油画），高四米，宽二米五，四川江油长城钢厂二分厂，

1967 年朱学津画。”退休后的朱学津先生毕业于无锡市老年大学国画研究班，参加过北京、山东等地的画展。他的作品，曾获 1999 年第五届国际书画大赛银奖，2001 年国家文化部庆祝党成立八十周年书画展二等奖，2003 年第五届祖国颂国际书画摄影大赛国画特等奖，等等，入编过多种画册。

从朱学津先生给我的名片上，也可以看出他深切的绘画情结。名片上“朱学津”的身份信息：中国老年书画研究会会员、江苏省老年书画联谊会会员、无锡市老年书画协会会员、无锡市美术家协会会员；世界书画家艺术职称二级美术师、中国书法艺术研究院特聘书画家；入编《中国当代老年书画家大辞典》、入编《世界书画家名录》（第二卷）。

我出生在无锡的东北塘。因为父亲在城中行医，所以大概在 1940 年，我十六岁的辰光，我们家从东北塘搬进了无锡城，住在市中心大娄巷八儿巷 1 号。在这里一住就是四十多年，直到 1983 年，无锡市第一人民医院扩建拆迁，我们家才从大娄巷搬走。

大娄巷距离图书馆路上的阿炳故居很近，当年经常看到阿炳沿路拉琴卖唱，印象很深。老远听到琴声，就会说，哎，来了，来了！阿炳来了！有空闲的人经常会出点钱，对阿炳说，来来来，阿炳坐下来拉一曲。

我看见阿炳的时候他已经失明了。阿炳戴墨镜，就是吃东西也戴墨镜。他穿长衫，身材蛮长的，是瘦长。跟他在一起的董彩娣又瘦又矮，穿得破破烂烂的。我从阿炳家门口走来走去，总会看到阿炳在矮台子旁边吃酒。家是穷得一塌糊涂，从门口就能看清里面的全貌。

一般人认为阿炳是“怪人”，有人说他是“无锡八怪”之一。因为一无所有，所以他无所谓，骂人也敢骂。阿炳随随便便的，又独门独户，同他打招呼的都是欢喜音乐的人，上等人很少同他搭腔。

阿炳基本每天下午到崇安寺皇亭广场卖艺，说新闻，骂奸商，当然还有拉琴弹琵琶。我年轻时也喜欢学二胡和琵琶，所以经常去看去听。

记得阿炳会头顶弹琵琶，会在琵琶上弹《十番锣鼓》。阿炳胡琴的模仿技艺特别高超，他随手就会在胡琴上拉出无锡土话“谢谢你”“你吃饭了吗”“你好”“再会再会”等。

最能表现阿炳胡琴模仿绝技的，是“狗抢肉骨头”和“老鹰抓小鸡”两个精彩片段。

阿炳在用胡琴表演“狗抢肉骨头”时，开始总是先用话绘声绘色做一些铺垫：在无锡最有名的三凤桥肉庄门口，有两只狗在寻吃的东西，一只是黑狗，另外一只是白狗。忽然从店里头抛出来一块肉骨头——这时胡琴上就发出“吧嗒”一记的声响，于是两只狗就开始抢肉骨头。黑狗是黑狗的叫声，白狗是白狗的叫声，争抢非常激烈。正当黑白两只狗难分难解的辰光，又有一只黄狗飞快地跑过来，也参加了争抢。三只狗的叫声这时就混在一起，交错不绝，争抢越来越激烈。阿炳胡琴拉得极快，声音虽然杂乱，但三只狗三种叫声却始终分得清清楚楚。阿炳这时又用语言补充：店里的老板娘听得不耐烦了，她举起一根扁担就朝黑狗的屁股打上去。只听见黑狗一声惨叫，丢掉肉骨头落荒而逃，其他两只狗也都惊叫着逃跑。黑白黄三只狗的叫声交替着远去，黑狗是“汪哩哩，汪哩哩”的惨叫声，白狗和黄狗是惊恐不安连续奔逃的叫声。周围的人听到这里，都会爆发出笑声。

还有一个有名的片段是“老鹰抓小鸡”。有户人家大门口的场地上，一只老母鸡正领着一群小鸡嬉戏。老母鸡“咯咯咯”的叫声显得非常悠闲，小鸡们“叽叽叽”的叫声嫩生生的。忽然间，阿炳的胡琴上又发出一阵“哇哇哇”的叫声，原来是天上飞下来了一只老鹰。小鸡们吓坏了，都“叽呀、叽呀”惊叫着往老母鸡身底下钻。老母鸡也紧张得“咯嗄、咯嗄”地叫起来。突然，老鹰“哇”的一声俯冲下来，把落在后面的一只小鸡抓走了。那只小

国画阿炳（朱学津画）

鸡先是“叽呀”一声惊叫，接下来就是连续不断的惨叫声：“叽——呀！叽——呀！……”声音一声比一声弱，真好比是被老鹰叼着慢慢飞远了。阿炳的胡琴里头好像真藏着母鸡、小鸡和老鹰。

阿炳出门卖艺时一般董彩娣总在身边。不拉琴时，阿炳搭牢董彩娣的肩膀走；拉琴时，董彩娣牵牢阿炳左手边的衣裳。董彩娣还负责收钱。阿炳每天下午总在家附近的皇亭广场露天说唱卖艺，有时进三万昌茶馆让人点唱。回家吃夜饭，然后再出门，晚上到靠近火车站的中国饭店那一带卖艺。

阿炳的《二泉映月》原来是没有名字的，新中国成立之后这首曲子世界闻名，我也喜欢学拉。阿炳是无锡人的光荣。1978 年，我表兄陈洁在写《二泉映月》的电影剧本，他知道我会画画，又熟悉阿炳，就叫我帮他画插图。于是，我就创作了阿炳国画和油画全身像各两幅。

我自己虽然不是名画家，水平有限，但对历史名人的画像，我认为逼真传神是非常重要的。阿炳是无锡名人，但是只留下来一张头像照片。阿炳拉琴的形象是什么样，他的装束是什么样，这些我都是十分熟悉的，所以当时就画了阿炳的全身像，至少可以让后人看到真实的阿炳形象。

国画和油画中，我画的都是阿炳夜晚在外拉琴的形

油画阿炳（朱学津画）

象。国画的背景放在无锡有名的“天下第二泉”景点，油画的背景是我家门口、阿炳拉琴经常走过的大娄巷。国画的背景我画了月亮、云层、松树、紫藤和“天下第二泉”一角；油画的背景，我画了大娄巷里的木头电线杆、尖耸的楼顶和长满树草的古旧围墙。两幅画的主体人物阿炳，画得比较相似。阿炳着长衫，结道士发髻，戴圆墨镜；背后背着琵琶，右肩上搭着一个褡裢，这是阿炳当年放笛子、箫和写有供人点的曲目的折子的地方；他边走边拉琴，右手操弓，左手按弦。有所区别的是，油画中阿炳的道士发髻结在头顶，国画中的结在后脑勺，这是当年阿炳的真实情况，他的道士发髻大部分时间是结在脑后，但有时也结在头顶。

我的一些见过阿炳的老同事看到画后，都认为画中的阿炳和当年拉琴的阿炳衣着神态极为相似，说可以称得上活灵活现。这就达到了我的初衷，因为我觉得我画的是阿炳生前最典型的形态。

三十年前画的这四幅阿炳全身像，其中的两幅油画在 1993 年我从中市桥巷搬家时失窃，一幅后来失而复得，一幅至今下落不明。失而复得的油画和一幅国画在 2007 年捐赠给了新修成的阿炳纪念馆；另一幅国画也在 2007 年捐赠给了无锡博物馆。画放在纪念馆和博物馆我想最为合适，这样可以使广大中外人士看到阿炳的真实面貌和神态。

2008 年 3 月 19 日

无锡人常称他们是一对"仙童仙女"

受访人：费逵
（1925 年出生，无锡资深新闻工作者）

费逵先生早年在上海复旦大学和中国新闻专科学校有过短暂的求学史。1946 年开始进入无锡新闻界，先后在《人报》和《民报》工作，曾采访过诸多沪宁线上的要员。新中国成立以后，无锡于 1950 年元旦创办了一张民办报纸《晓报》，他遂入《晓报》继续做新闻。1954 年《晓报》停刊，费逵先生便结束了他的新闻生涯，辗转在上海和无锡两地教书。1958 年，他进入无锡市动力机厂工作，直至 1985 年正式退休。

费逵先生目前住在无锡市区北面的五河新村。这是很大的老新村，通往新村的道路两旁挤满了做各色生意的商铺商摊，嘈杂之中，又极富人间生活的亲切烟火味。他家在二楼，敲门进去，穿白汗衫、圆圆胖胖的费先生热情地把我让进他的书房兼卧室，打开了风力很大的旧落地电扇。正巧他的朋友许继琮先生（1942 年出生，无锡市 614 所退休干部）也在，而且许先生同样见过阿炳，对阿炳也留意很久，我们便就阿炳这个中心话题聊了起来。

我父亲是无锡城里开照相馆的，他的照相馆店名叫“三民照相馆”，日本人来了以后改称“三明照相馆”。那时我家住在城里新生路北口。从工运桥进光复门，经盛巷、新生路，再折向观前街、崇安寺，这是当年阿炳卖唱回家的固定路线。所以，我家门口是阿炳的必经之路，而且，我家旁边的卫尔康饼干公司门前，常常是阿炳卖唱的一站。

阿炳卖唱的地区，除了惠山、棚户街（仓桥茶室）、迎龙桥、三里桥等之外，工运桥一带是他最主要的场所。因为这一地区邻近火车站，非常热闹，汇集了众多的饭店（像中国饭店、京沪饭店）、菜馆、游乐场、妓院（在九成里)、舞厅(像DDS舞厅)、浴室(像乐泉浴室)、电影院(像大上海电影院)、戏馆(像中央大戏院、金城大戏院、泰山戏馆等)。

夏天晚上，我们在外面乘凉时，老远就会听到那首熟悉的无名乐曲(就是后来的《二泉映月》)，这是阿炳从工运桥地区卖唱结束回家来了。用二胡拉出的那首乐曲，如泣如诉，扣人心弦。随着琴声渐行渐近，小朋友们会不约而同地喊“来了！来了！”这时就会看见，这位穷困潦倒、走街串巷卖唱的民间艺人——瞎子阿炳，中等个子，一袭旧的灰长衫，一副黑眼镜，手拉二胡，背负琵琶，由梳着细辫的中年妇女董催弟搀扶着缓缓走过来。

阿炳除了琴拉得好，他的说唱也十分动听。他经常唱的那首传统名作《无锡景》，因为听得多了，所以现在还记得：

我有一段情，唱拨诸公听，
诸公各位，静呀静静心，
让我唱段《无锡景》，
细细道道，唱拨诸公听。

小小无锡城，盘古到如今，
东南西北，共有四城门，

一到宣统三年份，
新造一座，光呀光复门。

无锡去来往，火车顶便当，
大洋桥下，才是大机房，
机房收拾得蛮清爽，
市面闹猛，像呀像申江。

白天来白相，火车蛮便当，
顶顶惬意，坐只汽油艇，
梅园靠勒太湖边，
满园梅树喷香又扑鼻。

第一个好景致，要算鼋头渚，
顶顶惬意，夏天来避暑，
山路曲折，多幽静，
水连山来，山连水。

天下第二泉，惠山脚旁边，
泉水生生清，茶叶泡香片，
锡山相对，惠泉山，
山脚底下来开满泥佛店。

一旁的许继琮先生，以前也曾收集过阿炳的说新闻唱词，现将他收集的三段也录写于此：

1. 有关十九路军奋勇杀日寇事。

说起新闻，话起新闻，新闻出勒，啥格场亨？黄浦江边，十九路军，大刀列队，杀敌称英，骷髅头落地，像断藤西瓜，全国上下，愿作后盾，抵制日货，顶顶要紧。

2. 针砭抗战胜利后，物价飞涨现象。

刚刚拿来金圆券，还当啥格好物事，等到拿来派用场，花纸头马上拆穿帮（无锡话，现原形）。早上拿去买头牛，夜里只好买只鸡，身有十万金圆券，只好去量一升米。

3. 阿炳身受鸦片之害，晚年还专门创作《鸦片是格坏东西》，以告诫世人。

鸦片是格坏东西，外国人拿杜（无锡话，它）要你命，一伤身体二耗银，三餐无着饿瘦颈，四季衣衫勿完整，五更寒冷缺被盖，六亲断绝人看轻，开门七事无来路，勿怪八字怪自身，鸦片究竟有啥好，十字梁上少根绳，你若上了鸦片瘾，像拿到阎王勾魂证。

阿炳随身带有一本曲目折子，听众随点随唱，点一个曲给多少钱，明码实价。折子上也有一些“荤曲说唱”，价钱略高一点。

在我的印象中，阿炳人看起来瘦瘦的，蛮和善。虽然他自己没有孩子，但十分喜欢小朋友，只要有小朋友围过来，他就会用胡琴模仿公鸡报晓、母鸡生蛋、猫狗打架的叫声，惟妙惟肖。阿炳还会用胡琴学无锡人讲话，十分有趣。比如，“阿姆啊，做啥了？”“呒啥活，来了亲眷杀只鸡请客活！”接着用琴拉出人捉鸡时鸡边逃边叫的场面，又学着人捉到鸡杀鸡后，鸡扑着翅膀的声音，并且声音渐渐低下去，直到没有声音。最后，胡琴上拉出的是人们听了这段声音后发出的“咯咯咯”的笑声，顿时引来听众的哄堂大笑。

我当年在《晓报》工作时，有一位同事兼好友叫陈洁，他跟阿炳非常熟悉。据陈洁生前讲，阿炳的妻子叫董催弟，因她的父母连生了几个女儿，想生个儿子，才为她起名催弟。董催弟，江阴北漍人，年轻时嫁给街上一户姓钟的皮匠为妻子，先后生有二男三女，家庭负担重，生活艰难。董催弟替丈夫绱绱鞋底，做做零碎生活帮衬

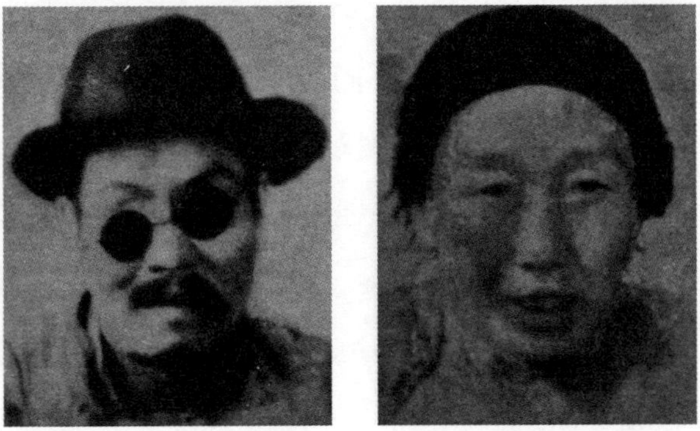

阿炳和董催弟（彩娣）

丈夫，才得以勉强维持一家人的生活。1924 年，皮匠因病不治身亡。董催弟迫于生计，将十三岁的大儿子送到圆作店当学徒，将大女儿送人以减轻负担。之后，她又将两个小女儿送给别人当童养媳，将小儿子托给钟皮匠的姐姐抚养，自己只身来到无锡崇安寺一家烟馆做帮佣。

烟馆离阿炳居住的雷尊殿很近，又是阿炳经常去的地方，久而久之，两人从相识到相知，大约在 1932 年时，经人撮合，结为夫妻。

董催弟有了归宿，阿炳也有了家室。从此，只要阿炳上街卖艺，董催弟就提着阿炳的长衫衣角，在前边引路，这成为无锡城里人人熟悉的一个镜头。阿炳拉场子时，董催弟就托着阿炳戴的铜盆帽向听众凑钱；下雨天，她就帮人做点缝衣活，或帮阿炳洗洗衣裳。阿炳平时最喜欢吃董催弟烧的“水菜（蚌肉）炒大蒜”。

这一对形影不离、同甘共苦的患难夫妻，共同生活了将近二十年，无论炎夏酷暑，还是滴水成冰的日子，两人同出同归，赚了钱一起享用，赚不到钱一起忍饥挨饿，毫无怨言。无锡沦陷时，两人一起逃往无锡乡下一个叫东亭的地方避难，局势稍稍平稳，又回到城里，重操旧业。无锡人常称他们是一对“仙童仙女”。

2006 年 8 月 23 日

我父亲是阿炳的隔房师兄

受访人：华寅生
（1926年出生，无锡著名道人、当年火神殿住持华伯阳之子）

采访华寅生老人之前，我并不知道他就是无锡著名道人、当年火神殿住持华伯阳（华炳均）的儿子。坐下聊开后，得悉这一事实，内心很是惊喜。

为什么惊喜？因为火神殿和雷尊殿比邻而居，同属无锡洞虚宫三清殿的道院。华寅生父亲是火神殿住持，阿炳（华彦钧）是雷尊殿住持，两人熟悉无比。而且，1926年出生的华寅生老人，一直住在火神殿后面的老屋内，直到1997年拆迁，才搬到现在所住的无锡城南沁园新村。1950年阿炳去世时，华老已经是虚岁二十五岁了，可以这么说，华寅生老人是阿炳生活最切近的“目击证人”。

虽然华伯阳（华炳均）和阿炳（华彦钧）都是无锡东亭人，但对于坊间流传的华炳均是华彦钧堂兄的说法，华寅生老人予以否认。“没有亲戚关系，我父亲只能算是阿炳的隔房师兄。”华老这样表述。

华老所谈的内容中，有以下几点值得注意。

1. 阿炳的生年。

华老明确记得，他父亲属虎，阿炳属蛇。按，属蛇应为农历癸巳年，即阿炳是1893年出生。

2. 阿炳父亲华清和何时去世。

采访时，华老向我出示了一张留有阿炳父亲华清和签字的“拨付议据”的旧照片。这份“拨付议据”立于“民国拾叁年甲子正月”，由此可以断定，华清和之死当在民国十三年甲子（1924年）正月之后，也即在阿炳三十二岁之后。因此，此前以杨荫浏先生为代表所介绍的“阿炳二十一二岁的时候，患了眼疾，又死了父亲”之说，可判为有误。

3. 阿炳妻子董彩娣（催弟）何时去世。

据华寅生老人介绍，阿炳妻子董彩娣死于阿炳之后。“董彩娣是在阿炳去世阴历当年的大年夜或者是次年的年初一死的，因为是过年，所以记得牢。”阿炳去世是在1950年12月4日（农历十月二十五），按华老之说，那么董彩娣去世的时间当在1951年2月6日（正月初一）左右。

两人户口底册上记载的出生和死亡时间分别是：华阿炳，1892年7月9日—1950年12月12日；董氏，1889年1月8日—1951年3月27日（资料来源：无锡市公安档案馆“著名音乐艺人华阿炳的户口底册”，编号：0200–SW2–4.1–0017）。户口底册上的记载虽然与华老所介绍的时间不太一致，但基本上还是契合的，因为按照常情，实际死亡时间总会稍早于户口记载时间。由此，杨荫浏先生在《阿炳小传》中所说的“董催弟死于1950年11月，距阿炳之死仅二十九天”，也为不确。

华寅生老人有三个姐姐、三个妹妹和一个弟弟，1986年他从无锡市橡胶厂退休。

因为我父亲华伯阳是管理火神殿的，所以1926年我出生以后，就一直住在火神殿和雷尊殿的后面，直到1997年拆走才住到现在这个地方。小时候和同学一直在两殿间玩打台球、抛铁环，对那里的情况比较清楚。

当年三清宝殿的山门一直是开的。进山门，右手边抗战前是姜太公庙，姜太公庙的东隔壁是现在的阿炳故居，姜太公庙后面一进，就是一西一东并排的火神殿和雷尊殿。火神殿和雷尊殿都是三间大殿，同样大小。只是雷尊殿前多三间瓦棚，前后没有门窗，因为农历六月二十三是雷尊生日，烧香人拥挤，瓦棚是供流动用的；而火神殿前无瓦棚，只有一座山门，所以黎松寿教授在报上认为只有一间，其实两殿是同一面积。雷尊殿瓦棚前的空地上还放有一只天炉，是供人烧香用的，以前发现的一块大圆石，就是天炉的底座。

阿炳抗战前是住在雷尊殿瓦棚前的披屋内，抗战胜利后搬到披屋前面，即现在的故居里。当年阿炳住的披屋只有八九平方米，烧饭在披屋后面，就是路上拾点柴啊什么烧烧。房间里的一张破棕棚，是用瓮头搁起来的。他没有被头，那个棉花胎像脂油渣，“墨赤黑”。有时候向我母亲借点钱，但都是有借没有还的。

我父亲管理的火神殿，到 1957 年上交政府。除火神殿外，我父亲还和阿炳按年轮值雷尊殿的香汛。这件事情，在民国十三年即 1924 年，我父亲的师公顾秋庭所立的“拨付议据”上有明确记载。这份“拨付议据”是这样的（华寅生老人拿出的是照片，原件已经不知去向；因为年代久远，泛黄松脆的照片早已漫漶不清，幸好华老早年用纸笔抄录了一份）：

拨付议据

立拨付议据。顾秋庭幼年出家于城中三清殿洞虚宫贞白山房先祖师秦修泉讳瑞芳名下为徒，习学道教，主持一切忏务。秋庭所拖受生徒不幸均遭大故，致殿务乏人主持。迨至民国叁年冬间，蒙地方绅董介绍，得华炳均为徒孙，专心习学，勤慎可靠，暂交接管。数年来，得各斋主之雅爱，忏事日见发展，且历年殿宇房屋岁修均由炳均独自出钱修理，并未向人捐助分文。现余年迈古稀，精力衰颓，诸事畏烦，不能主持殿务，筹思再三，惟有邀请地方绅董秦绅效鲁、姚绅月度、侯绅冠清、王绅鉴如、丁绅芸轩、薛绅瑞庵、曹绅衡之、许绅湛之、俞绅伯铭等集议，将祖遗洞虚宫火神殿并有按年轮值之雷尊殿香汛及家内器用什物等一并交付与徒孙华炳均永远继续接管，……（此处不清——笔者注）久营业，一切俭朴为主，毋庸奢华。倘余后来天年殡殓丧葬，由余子达生与徒孙华炳均分担负责。至于同房各有门户，早经分界各守，万勿前来干预。尔须恪遵道教，慎勿冶游荒废。欲后有凭，永远保守，为此书立拨付议据存录。

计开：

一议：祖遗洞虚宫贞白山房住房壹所并有雷尊

殿房屋与一和山房合半所有，并按年六月雷尊生辰香汛挨年轮值殿务香客，再后面有棚坐马坑厕壹只……（此处不清——笔者注）至于余将来天年寿地寿器并衣服均自己置备，日后丧费料理均由余子达生主持，各须节俭为要义；炳均既为徒孙，于用费之多寡合担，不得超过二百元半数。

一议：以上所议各事，邀请地方绅董共同商议明白，并请官厅立案，永垂久远。

民国拾叁年甲子正月

立拨付议据：顾秋庭（签字）

子达生（签字）

见议人：华清和（签字）

江道三（签字）

荣浚然（签字）

……（此处不清。另，《无锡日报》记者梅岭1982年到华寅生家访问时，见过“拨付议据”的原件。原件大小约一尺见方，主人作为房契保存。后来还请报社摄影记者去拍了照片。原件文字无标点符号，使用繁体字，毛笔字竖写——笔者注）

从这份“拨付议据”上可以看出，我父亲华伯阳是从民国三年（1914 年）冬天开始跟他师公顾秋庭习道，民国十三年（1924 年）开始接管火神殿，并按年轮值雷尊殿的香汛。当年雷尊殿是阿炳父亲华清和管的，这份东西上有华清和的亲笔签名。

我父亲和阿炳都是无锡东亭人，我父亲的老家在东亭三大房巷，阿炳老家在东亭小泗房巷，相隔几个村庄。他们没有亲戚关系，我父亲只能算是阿炳的隔房师兄。父亲属虎，1890 年出生，阿炳属蛇，1893 年出生，这不会搞错，是我母亲告诉我的。

阿炳在 20 世纪三四十年代就很有名气，他是当时的“无锡八怪”之一。

在没有吃鸦片（苏南方言，即抽鸦片）之前，阿炳人长得还是蛮神气、蛮挺的。现在塑的铜像不对，阿炳拉琴时的头没有这么低，腰也没有这么弯。

阿炳吃鸦片是在抗战前。据无锡老报人孙云年讲，是当地升泉浴室的老板胡大海引诱阿炳吃鸦片的，因为胡大海看中了阿炳的庙产。根据我母亲讲，阿炳到风月场所去，眼睛是因为梅毒瞎掉的。

阿炳的脾气比较暴躁，不顺他的心，对不起，他就不客气。我小时候每年过年，父亲总要请阿炳和几个道士到火神殿吃老酒。阿炳喜欢吃酒，每次吃，不管黄酒白酒，阿炳总是要吃醉的。有一次大年夜，阿炳已经吃醉了，但是他偏偏说没有醉，还要吃。后来我父亲就想送他回家，因为两隔壁嘛，很近。阿炳不肯走，说没有醉，还要吃。几个道士劝他回家后，就把火神殿的门关起来。阿炳就拿胡琴来打火神殿的门，而且胡琴打坏后，他不怕你不赔。所以说他脾气是躁的。

我们小时候常在火神殿和雷尊殿前白相（玩耍）。阿炳因为晚上出去卖唱，他吃过饭中午是要睏觉的。有时我们声音大点吵了他，他就要骂。

在无锡沦陷时期，阿炳睏完觉，一般下午两点左右就在崇安寺卖唱说新闻。晚上吃好饭、吃饱鸦片，大概在九点，就出城卖唱。阿炳经常去的是城外靠近火车站的京沪饭店一带。因为那个地方人多热闹。阿炳卖唱要价还是蛮高的，拉一曲要两角钱。当时一角钱是三十个铜板，而那时候在“王兴记”吃一碗馄饨只要十五到二十个铜板。阿炳卖唱时如果鸦片瘾上来，就会吃几粒随身带的“红籽籽”，红色药丸一样的东西，价格相对便宜，是鸦片的代用品。

我父亲对阿炳是远而避之。因为他经常是要向我父亲借钱的。不过阿炳硬气还是蛮硬气的，他向你借钱，借就借，借不到就拉倒。

我们小时候在看到董彩娣之前，阿炳还有过一个女人。那个女人是乡绅人家的小老婆，也是吃鸦片被赶出来的，衣服穿得很花。她流落街头，就和阿炳在一起。不过时间不长，大概只有三四个月。“小老婆”走掉几个月后，董彩娣就来了，她是江阴北漍人，也是吃鸦片的。董彩娣个子比阿炳小，瘦得不得了。吃鸦片的人都是很瘦的。

阿炳死的时候都是我父亲料理的。董彩娣是在阿炳去世阴历当年的大年夜或者是次年的年初一死的，因为是过年，所以记得牢。董彩娣死后，也是我父亲托人到江阴去通知她家属的。

2007 年 4 月 26 日

我和阿炳做过两年的邻居

受访人：许忆和
（1927 年出生，无锡市
文化局离休干部）

许忆和先生 1948 年高中毕业后入上海中国音乐学校学习。1949 年 4 月无锡解放后返锡，参加苏南军区文工团，从事音乐工作。1952 年苏南军区文工团撤销，遂到南京前线歌舞团。1958 年许忆和转业至无锡歌舞团。1962 年又从歌舞团调至无锡市文化局（和市文联是两块牌子一套班子）。1969 年到 1976 年下放到江苏北部的大丰农村。1977 年返回无锡，仍在文化局工作。1985 年离休。

许老虽然年近八旬，但精神气色不错，思维十分敏捷。他的老伴在一旁说他“记忆力特别好”。

他们在无锡城西“住友家园”的家是跃层式的，有上下两层，非常宽敞。窗外就是无锡著名的梁溪河。许老有专门的书房，靠墙的书柜里放满了书，浏览之后，我粗粗记下的就有《古文鉴赏大辞典》、《中国古代名句词典》、《民国演义》（蔡东藩著）、《虞初新志》（张潮辑）、《中国围棋》、《诗词曲语辞汇释》（张相著）、《南社丛谈》（郑逸梅编著）、《书法字典》（王纲编）、《晚明二十家小品》（施蛰存编）、《古今小说》（冯梦龙编）等等。

许忆和先生因为长期在无锡文化系统工作，所以他从20世纪60年代初起，就开始关注阿炳，曾就阿炳事迹的某些细节进行过广泛的调查走访。在许老捧出的他精心保藏的“故纸堆”中，我发现有两个版本的阿炳曲集。

其一，《瞎子阿炳曲集》，简谱版，杨荫浏、曹安和、储师竹合编，系中央音乐学院研究部资料丛刊，上海万叶书店印行。1952年1月5日印刷，1952年2月10日初版。版权页上有“有著作权 · 不许翻印，1—3000”字样。出版者万叶书店；书店代表人是钱君匋。全书共三十九页。此书无疑是阿炳曲集最早、最原始的一个版本，历经半个多世纪，书页已经泛黄发脆。因其珍贵，我抄下了它的目次：

一、瞎子阿炳小传　　杨荫浏

二、乐曲说明　　杨荫浏

三、瞎子阿炳技艺的渊源　　杨荫浏

四、关于速度用语的说明　　杨荫浏

五、关于滑音符号的说明　　杨荫浏

六、琵琶指法符号说明　　曹安和

七、琵琶音位　　曹安和

八、胡琴指法符号说明　　储师竹

九、瞎子阿炳胡琴弓法的几个特点　　储师竹

琵琶独奏曲

大浪淘沙

昭君出塞

龙船

胡琴独奏曲

二泉映月

寒春风曲

听松

书中每首曲谱的结束处都注有该曲的演奏时长，分别是：《大浪淘沙》，3分45秒；《昭君出塞》，4分26秒；《龙船》，6分48秒；《二泉映月》，6分36秒；《寒春风

曲》，5 分 27 秒；《听松》，2 分 44 秒。

其二，《阿炳曲集》，线谱版，中国艺术研究院音乐研究所编，人民音乐出版社 1983 年 4 月北京第 1 版。印数是 13535 册，定价为 0.66 元。

较之简谱版的《瞎子阿炳曲集》，线谱版的《阿炳曲集》因为出版年代晚，所以许忆和先生保存得很新。粗粗翻阅比较一下，除了简谱改成线谱外，两本书的编排体例仍然一致。然而仔细阅读会发现，跟 1952 年版的《瞎子阿炳小传》比，1983 年版书上杨荫浏先生撰写的《阿炳小传》已经有了很大的改动（详见本书附录），已经是两个版本。

这件事情说明，有关阿炳的身世细节，其实在阿炳死后不久就已经不是十分清晰确凿。

我出生在无锡东门外。抗战之前，大约是 1935 年和 1936 年，我父亲在崇安寺三观殿内租了一间房，开了一爿名叫“小范围”的杂货店。当年的崇安寺地区，佛道共处，基本是一分为二，东面是道教，西面是佛教。道教的三清殿 1912 年被拆，改建为现在老图书馆的钟楼；西面佛教的大雄宝殿在抗战前后被战火焚毁，原大雄宝殿所在地就是现在的中山宾馆。我父亲开的小范围杂货店，就在前不久还有的北方餐馆身底下，当年杂货店的隔壁，

无锡县图书馆旧址（始建于 1912 年，
位于原洞虚宫三清殿基址上）

就是著名的三万昌茶馆。杂货店离阿炳的住地也只有几步之遥，走过去就是。父亲开店后，全家就住在店里。所以说，我和阿炳做过两年的邻居。

我见到阿炳的时候，他的两只眼睛已经全瞎了，董催弟也已经跟他在一起。

我印象中的阿炳，邋遢得很，穿的是长衫，但长衫靠颈处的那粒纽扣，好像他一辈子都没有扣起来过。头上是铜盆帽，戴有色眼镜，眼镜的一只脚因为断了就用一根绳代替。阿炳个子蛮高的，骨骼大。留了点小胡子。他最爱吃的菜是蚌肉炒大蒜。

阿炳并不是一个安分、听话的人。用他“堂兄”华伯阳的话说，阿炳是一个“糙糟”（无锡方言，大概意思是“扶不起的刘阿斗”）。我在当年走访时了解到，阿炳父亲华清和在世时对他管教是很严的，但阿炳还是很调皮。阿炳经常偷父亲的钱，华清和的钱藏来藏去都藏不住，最后甚至藏到屋顶的瓦片底下，阿炳都会偷到。还有每年六月雷尊殿有香汛，香火钱很多，香汛时规矩很严，香火道人连口袋都不能用，但阿炳有办法，在殿里他假装用粗草纸擦手上的蜡烛油，一边擦一边偷偷地将钱藏在粗草纸里，揉成一团，往墙角落里一扔，等到没有人的时候再去拾。父亲华清和去世后，阿炳成了雷尊殿小当家，这就再没有人来管他了。照雷尊殿当家的身份，阿炳完全可以衣食无忧，但是他和他老婆董催弟两杆烟枪，都抽大烟，那个费用多大！除了抽大烟外，阿炳还喝酒吃香烟。生活败落后，有时想吃香烟手头却没有钱，就到附近小店里去欠，这时他是一定要欠到的，不欠不行，如果店主不肯欠他就要骂山门——不过阿炳也很爽快，一旦有了钞票就马上去还。

我住在三观殿那个时候，阿炳一般上午在家，下午到烟馆抽大烟。阿炳常去的烟馆在崇安寺通中山路的那条叫施弄的巷子里，他和董催弟最早就是在那个烟馆认识的。在烟馆，阿炳一边抽，一边听其他烟客讲《山海经》，从中收集他说新闻的素材。

抽完大烟，阿炳就到三万昌茶馆前的广场上摆场子。通常他是站在一张长凳上，又拉琴又弹琵琶又说新闻，但主要是说新闻。下午在茶馆前摆场子的时间长短由生意好坏来定。晚上出去卖艺，则不说新闻了，基本上是拉琴和弹琵琶。他晚上一般是出光复门，到繁华的汉昌路一带去走旅馆。每到一个旅馆，阿炳就在大厅里拉琴，如果有客人叫，他就上去进客人的房间拉。卖艺结束已经是深夜，城门早关了，但是日本人喜欢听阿炳拉琴，听到他的琴声到城下，总会将城门开出一条缝，让阿炳进城回家。我就亲眼见过阿炳拉琴给日本兵听。那是在长庆路到光复门之间的一间铁器铺里，我放学经过那里，看见一个日本兵坐在里面，阿炳则在拉琴。琴拉完，日本兵给阿炳钱，阿炳就用二胡拉出“阿里阿笃”的音以示应付。

20世纪三四十年代是阿炳风头最健的时候。其实阿炳在当时影响最大的是他的说新闻。甚至民间有这样的习惯语，如果形容或讽刺某人能说会道，往往会说“你可以到阿炳那里去说新闻了！”阿炳说新闻之所以影响大，也是当时的客观因素起作用。无锡沦陷时期，新闻控制很严，报纸上看不到抗战消息，像某某地方打死了一个鬼子或汉奸等这类消息，以及大家爱听爱看的其他新闻，报纸都不登。阿炳说新闻正好满足了大家的这个需求。

在三万昌茶馆前我经常听阿炳说新闻。他站在长凳上，开始是拉琴吸引听客。拉了一会儿，就会问：阿曾来了？意思是来听的人多不多，如果围观的人多了，他就开始说新闻。

阿炳是收集到什么内容就讲什么。无锡有个恶霸顾某强奸家中丫鬟，阿炳得到这个消息后，马上编成说新闻的内容。他绘声绘色，渲染细节，有些段落说得相当黄，我现在都不好说出口。而且他说唱时唾沫直飞，不时一口痰吐在地上，直说得周围听众哈哈大笑。顾某因被臭了名声，吓得多时不敢露面。

当时的江苏民政厅厅长缪斌是无锡人，他仗势将自己的马养在火神殿里，弄得殿里乱七八糟。阿炳对此十分气愤，于是编了唱词，连日到缪公馆前高声骂唱：“你的老子也是道士，你是一个小道士，你为啥勿把马养到你亲爹的希道院，要养到你蛮爷的火神殿？你穿了青布衫，忘记了围席爿，今日你算做了官，回到家乡来欺道士，兔子不吃家边草，你连兔子畜生还不如……”终于，缪斌的母亲觉得不好意思，出面叫人牵走了马。

因为名气响，阿炳甚至还有过被人邀请下乡坐轿说新闻的经历。

这个故事要从1940年1月9日说起。那天，在无锡城大市桥堍（现在的三阳附近），突然枪声响起，一辆漆黑锃亮的人力包车上有人中弹而亡，这个人就是上任不满五个月的无锡伪县长杨高伯。人们痛恨杨平时的所作所为，都想听到刺杀杨高伯的详细情况，然而从报纸上是看不到的。阿炳虽然是底层的街头艺人，但他三教九流的朋友多，消息十分灵通。他综合收集多方材料，编成“刺杀杨高伯”的段子，上街说唱，一时远近轰动。消息传到无锡乡下，农民们也很想听。于是，无锡乡下西旸桥这个地方就特地派人来请阿炳下乡说新闻。阿炳被他们诚意所动，收拾二胡、响板，随来人乘轮船到了西旸桥。船靠码头，镇上特意准备了一顶轿子来迎接阿炳。一副墨镜、头上梳一根小辫子的阿炳，被人搀扶着进轿。阿炳是头一回坐轿，不懂得要全身放松才会坐得舒服，反而是全身紧张，屁股是着着实实坐着。抬轿人健步如飞，阿炳在里面晃得连连叫苦。一下轿，阿炳才算嘘了一口气，幽默地说：坐轿子这么勿适意，新娘子坐花轿也亏她呢！引得人哈哈大笑。这天，乡下农民招待阿炳吃饱酒饭，选了宽敞场子，就听阿炳开讲。别看阿炳其貌不扬，一旦他响板一击，开口一唱，全场顿时鸦雀无声："说起新闻，话起新闻，新闻出勒，啥格场亨？……"随着"滴滴答、滴滴答"的响板声，阿炳夹白、夹唱，加上插科打诨，把杨高伯被杀的经过、缘由说得活龙活现。当他说到杨高伯一命归阴，到阎王老爷那里做客人时，阿炳越说越快："东洋赤佬急煞人，赶快戒严关城门，来到出事地方看详情。忽听得又是噼噼啪啪一阵响，吓得东洋人又当出了啥事情。白：再一看，原来是店家在上'推槽'（门板），拿东洋人（苏南方言，即'让东洋人'）吓得一大跳。"——听众们哄笑不已，一片喝彩声。

我和杨荫浏先生很熟悉，彼此通过很多信。但在阿炳生年这个问题上，我们意见不一致。

杨先生认为阿炳生于 1893 年；我的意见是阿炳生于 1898 年，这是我经过调查的结论。

阿炳生年另外还有两种观点：一是认为生于 1887 年，二是认为生于 1892 年。

阿炳生于1887年。此说首见于阿炳在粲山的原墓碑。碑上明确刻着阿炳的生卒年份是“1887—1950”。它的根据是阿炳的“国民身份证”，身份证确是写着“生于民国前二十四年七月九日，年龄六十一岁”。发证日期是民国三十七年（1948年）六月。经推算，应是1887年出生。

阿炳生于1892年。此说根据无锡市崇安寺派出所户口档案：阿炳“生于清光绪十八年（壬辰年）七月初九”。经推算，应为1892年出生。

阿炳生于1887年和1892年的根据均来源于当时政权机构，按理说都具有法律依据，但两者竟相差五年。国民身份证是旧政权发的，户口档案在新中国成立初期是沿用旧社会的户口底册。旧社会的户口管理之混乱是众所周知的，所以均不足为凭。况两者相差五年，非但不能互证，反而是矛盾的。

在旧社会，由于多种原因，虚报和隐瞒年龄的事是大量存在的，如抽壮丁、戒鸦片、慈善救济、报考就业，乃至婚姻问题，都有可能在年龄上或增或减。阿炳的国民身份证上为什么是六十一岁？因为当年国民党统治时期曾开展过禁毒运动，烟民们都被强迫到中独山去戒烟，但是对六十岁以上的烟民则可从宽暂缓处理——阿炳虚报岁数超过六十，可以逃避戒烟。了解当时情形的人就不难理解这一点了。

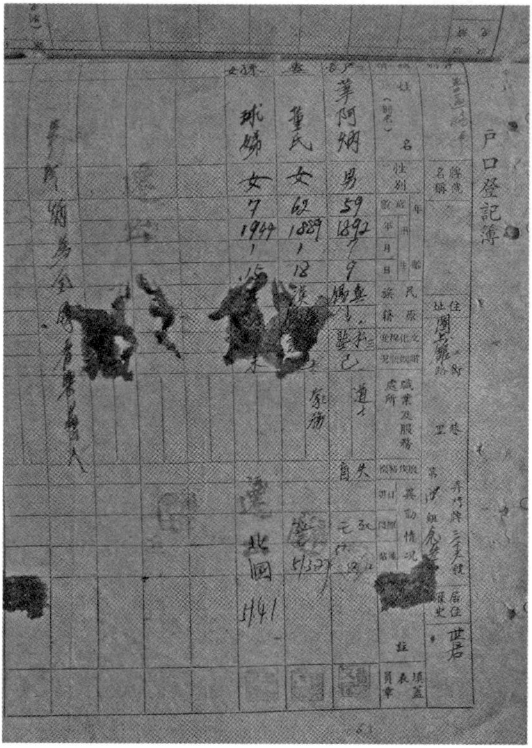

新中国成立后崇安寺派出所户口登记簿（阿炳户口）

阿炳生于1893年，是杨荫浏先生所坚持的，而且据杨先生说是阿炳亲口告诉他的。这应该说是绝对可信的第一手材料。但是这里有两个问题：第一，阿炳告诉杨先生的是不是真实年龄？第二，也是极为重要的一点，杨荫浏先生在给我的一封信中说道："我在1915年时曾跟阿炳学过艺，他（阿炳）那时已有十七八岁了。"杨先生出生于1899年，1915年杨先生应是虚岁十七岁，杨先生说阿炳当时有十七八岁了，岂不是跟杨先生的年龄相仿？如此阿炳不正是出生在1898年左右吗？杨先生的这封信我还保存着。

大家知道，考证问题要依靠证据，要有确凿的证据，此外还要有旁证、互证才可信。只有一个证据就是所谓的"孤证"，严格地说是不可信的。杨先生只听阿炳说的年龄便信以为真，没有其他印证，"口说无凭"能使人信服吗？

我认为，阿炳生于1898年。

20世纪60年代初，我在无锡市文联工作，调查阿炳事迹时，发觉有些年份和岁数不符，便查考他的生年，发现阿炳应是1898年出生。主要依据是：

1. 阿炳神主牌位上的记载。当年，在阿炳故居的家堂里，阿炳"堂兄"华伯阳取出阿炳的神主牌位，牌位分里外两层。外层写着：

先祖师华彦钧霞灵位

嗣孙徒卫辰奉祀

享年五十三岁

里层的牌上写得很详细：

生于清光绪二十四年戊戌八月十八日子时

先祖师华彦钧霞灵位

卒于农历庚寅年十月二十五日午时

生于清光绪二十四年，即公元1898年，死于庚寅年，即1950年，终年五十三岁。

当时查看此牌位的还有原文联的张周同志。因限于条件，未曾摄影，只能照上述文字如实记录。

这是阿炳生于1898年的重要证据。锡地风俗："初丧即立神主，使亡灵有所倚。"阿炳没有后裔，牌位上"卫辰奉祀"的卫辰，是阿炳"堂兄"华伯阳的孙子，所以算嗣孙徒。阿炳的后事是华伯阳料理的。华伯阳法号华炳钧，据说既是阿炳堂兄又是阿炳师兄，两人自小就在一起学艺，怎会不清楚阿炳年龄？至少属相不会弄错，比自己小几岁不会忘记，况且当时其妻董催弟还活着，所以我认为牌位上的出生年月是准确的。

2. 蔡月庆老道士的证明。蔡月庆，职业道士，住无锡县东亭南薛巷。1963 年我调查时他八十岁。蔡月庆说：我是光绪十年（1884 年）生的，我十四岁时到雷尊殿跟华清和（阿炳父亲）学艺，学了一年就离开了。当时雷尊殿旁边是一和山房，三间门面一只厅，厅上斋匾为“经畬堂”，清和就住在厅后的翻轩里，阿炳就生在这里的，这是我亲眼看到的。我十四岁时阿炳刚生，绝不会是十九年（指光绪十九年，公元 1893 年）生的。

蔡月庆生于 1884 年，十四岁时为 1898 年，他看到阿炳刚出生，说明阿炳生于该年无误。假如蔡月庆跟华清和学艺多年，倒有可能记错年份，但他只跟华清和学艺一年，就在这一年中看到阿炳出生，这个时间范围应该是准确可信的。

3. 王金保的证明。王金保，阿炳老邻居，1963 年时七十五岁。王金保说：我十九岁到长生殿当道士（长生殿在雷尊殿旁），那时阿炳才十岁出头，长得很矮小。民国三年（1914 年），我和阿炳一起出去拜年，他有十六岁了。

1963 年时王金保七十五岁，应生于 1888 年，他十九岁到长生殿时说阿炳十岁出头，这时应是 1907 年。1907 年阿炳十岁出头，符合阿炳 1898 年出生的说法。

民国三年，阿炳十六岁，不就是1898年出生吗？

4. 邹镜寿老医生的证明。邹镜寿是崇安寺开业老中医，阿炳邻居，1963年时七十二岁。邹镜寿当时说，阿炳长得像他父亲，我曾多次为阿炳看病，他临死前还去看过他的病，他今年绝勿会有七十岁的（阿炳若生于1893年，则1963年时为七十岁），他比我小一段年纪，这是可以肯定的。

5. 取名阿炳与五行缺火有关。旧时生儿，须请算命者依出生时辰“排八字”。民国十六年（1927年）《无锡杂志》第十一期礼俗专号“生子风俗”一节记载：“……盖儿生，必延术者推算出生年月日之干支，而检五行之全不全，若缺其一，则以缺者命名矣。”

阿炳牌位上的年月日时，即1898年农历八月十八子时，按五行做一对照，唯独缺“火”，所以他父亲为他取名阿炳，以弥补五行缺火。炳字火旁，丙也是火义，如“阅后付丙”，即看过后烧掉的意思。

如果阿炳是1893年出生，即癸巳年，癸属水，巳属火，八字中便不缺火了。

这是阿炳的亲戚刘元伦提供的。刘元伦住无锡玉祁礼社，原是算命的，新中国成立后取缔算命，之后在家务农。这一点虽说不上证据，但不失为一个有力的佐证。

以上几点，有物证、人证、佐证，我以为，足可证实阿炳是1898年出生的。

阿炳是1950年12月4日去世的。根据当年阿炳邻居们讲，在阿炳死后二十九天，董催弟也相继去世。

我在有关阿炳的调查中还得知，阿炳的母亲叫陈五妹，是无锡乡下玉祁人。

2006年9月18日

阿炳当年是有名的“无锡八怪”之一

受访人：谈景清
（1928年出生，无锡市
种子公司退休干部）

谈景清先生在无锡南门古运河旁的妙光苑已经住了七年，此前的住地槐古桥也离此不远。谈先生介绍，槐古桥是他们的世居地，谈氏几代都是以种菜为生。不过，昔日的种菜地，如今早已变成了车水马龙的城中地。

因为家传，谈景清先生本人就是种菜好手。正因为这一特长，谈先生一生与菜和种子打交道，做过多年的无锡郊区蔬菜科科长。

年已八旬的谈老身体健朗，话音响亮。他爱好文史，退休之后热情更高。谈老家中藏书不少，有一个柜中全部是无锡文史著作，另两个书柜内，则大部分是中国古典文学。其中有成套的《陆游集》《全宋词精华》《中国通史简编》《金瓶梅词话》等。他指点着柜中一套十本、由中华书局出版的《太平广记》，很是骄傲：这是我们谈家的老祖宗、明代谈恺整理的。

谈景清先生很熟悉阿炳，至今关注不辍，他给我展示过一本厚厚的剪贴簿，里面收集的全是有关阿炳的报刊文章。而且，谈先生从自身的了解出发，对关于阿炳的某些问题，保留有自己的看法。

我舅舅李维新是做道士的，当时大家叫他"阿祥"，就住在观前街洞虚宫古井对面沈家，和阿炳家靠得非常近。当年的道士，有的可以结婚，有的不可以结婚，我舅舅是可以结婚的。舅舅原来也住在槐古桥，因为和舅母关系不好，就到了城里沈家。沈家女人有一个孩子，他们一起生活。

舅舅很喜欢我，放学或放假后，我总是在舅舅家玩，所以总会看见阿炳。阿炳也认识我，说我"你是李维新的外甥"。阿炳其实还有个阿哥，好像是同父异母的，也做道士，就住在阿炳后面，我叫他"阿大伯伯"；对阿炳，

洞虚宫古井圈（明代遗物）

我就直接叫他名字。如果我到阿炳家里去玩，舅舅就要骂我，因为舅舅最恨阿炳吃鸦片，说他“不出息”。我记得阿炳是睡在阁楼上的，用木梯爬上去。如果我到“阿大伯伯”家里玩，舅舅就从来不管我。

我印象中阿炳是喜欢清爽的，他着长衫，虽然有点破、旧，但是汏得蛮清爽的。他头上是道士发髻。阿炳长得不算高，在一米七左右。没有染毒之前，阿炳是很漂亮的，他音乐天资很高，琴拉得好，一般人都叫他“小天师”。

夏天乘风凉，或者冬天在门口晒太阳的辰光，阿炳也会拉琴或者弹琵琶。阿炳的琵琶弹得真好，高兴起来他会把琵琶放在头后面弹，就像他的《龙船》一样，会弹出各种声音。

阿炳的女人是董彩娣。董彩娣是江阴北澛人，丈夫是上鞋子的皮匠。董彩娣欢喜抽鸦片烟，向皮匠丈夫要钱要不到，所以就跑到无锡来了。为什么她会到无锡来？因为董彩娣有一个哥哥就在图书馆路这里摆摊卖西瓜，卖四角菱，她是来投奔阿哥的。卖水果的阿哥只给她吃饭，也不给钱，并且要她回江阴。董彩娣不肯回去，阿哥那里又没有地方给她睡，她就睡在皇亭里卖肉的肉墩头底下。后来就和阿炳住到一起了，两个人一起抽鸦片。周围人在背后会说他们是“一对圣公圣母”。

阿炳出去卖唱的时候，董彩娣总是跟着，搀搀阿炳，帮着背背琵琶——琵琶是放在布袋里的。

阿炳卖唱的主要形式是拉场子。董彩娣拿一只小镗锣，边走边敲；旁边的阿炳则边走边拉，主要是为吸引人。等人围起来后，就正式开始。一般是说的比拉的多。阿炳什么都唱，无锡城里发生的新鲜事他好像都知道。演完就把头上的帽子倒过来拿在手里，嘴里不响，向大家凑钱。阿炳的场子主要在三万昌茶馆门口场上。他几乎天天去，因为不去就没有收入。有时中午就去，因为茶馆边上有面馆，会端面给阿炳吃。有时候落雨实在没有生意，阿炳就会到槐古桥我们家这一带来。他认识我叔叔谈荣奎，老远就大声叫，谈荣奎，帮帮忙！几天呒不交易了！槐古桥一带都是种菜人家，并且都欢喜音乐，很多人都会拉琴、吹笛、弹琵琶，他们还自发组成一个“得利社”，人家有红白喜事，他们就去吹吹打打，赚点钱。他们都认识阿炳，有的叫他“瞎子”，有的叫他“阿炳”。我叔叔谈荣奎也会拉琴，跟阿炳熟。阿炳落雨天来后，叔叔就帮着叫点人拉个场子，给阿炳凑点钱。

阿炳出去卖艺走在路上，也有人会喊，阿炳，来拉一支！阿炳听见，把手一伸。叫的人就会讲，铜钿少不了你的！阿炳琵琶不轻易弹，听阿炳弹琵琶总归要钱的。

有时候阿炳会在别人的店门口拉琴。店里的人怕影响生意，总会拿点钱给阿炳，请他到别处去拉。

天热的季节，阿炳夜里也出去做生意。他总是从光复门进出，到“马路上”一带去卖艺。因为那里靠近火车站，店多，热闹。抗战期间，日本人占领无锡，天一黑各个城门就关起来了。“马路上”在城外，阿炳生意结束回家时，城门往往早关了。但城楼上的日本人只要听到阿炳的琴声，总会破例开门放阿炳进来，这个事情很多人都知道。

董彩娣有个女儿长得很标致，抗战期间嫁给了无锡轮船公司的老板。女儿嫁了老板后，要面子，不许董彩娣和阿炳上街卖艺。生活上由于有女儿女婿的贴补，那段时间阿炳、董彩娣过得不错。我记得阿炳头戴白色的龙须草帽，身穿丝质的长衫，样子很神气。可惜的是，阿炳和董彩娣这样的日子大概过了一年半后，女婿不幸染上了当年无锡城里流行的瘟疫，竟不治身亡。靠山没有了，所以阿炳后来只能重新出来卖艺。

阿炳走街串巷卖艺，无锡城里的男女老少都认识他。阿炳当年是有名的“无锡八怪”之一。“无锡八怪”是指新中国成立前无锡城里很特别的八个人，这八个人我都熟悉，除了阿炳外，另外“七怪”是这样七个人。

李如祥。他家住南长街，人品端正，是唱滩簧的。唱滩簧的人在当时社会地位很低，被人看不起，但他所创的唱腔，声调圆润、柔和，自然好听。当时在火车站那里有一家戏院称“第一台”，戏院老板姓孙，是小河上“少宰地”人，他邀请李如祥上“第一台”唱滩簧，这也是无锡滩簧初登舞台。李如祥在“第一台”慢慢唱红了。当时的很多滩簧迷，连走路也学哼李如祥的调。如祥调唱得很红，名声很大，上海“大世界”也邀请他去上台演唱。可惜就在上海演出时吸上了鸦片，人品、声调渐渐变形，最后无法登台，不久就客死上海。最后是无锡于步云和几个戏馆老板去上海替他收尸并运回无锡安葬的。

顾小姐。她家住大河上5号，就是现在三凤桥酒家所在地。她是有知识文化的女人家。年轻时当过女校教师，因跌伤而残疾，后来辞教回家。她一人独过，空闲时爱摸纸牌，并且爱猫如命，每天以和几十只猫做伴为趣。她所养的每一只猫都有名字。她很喜欢骂雄猫“杀千刀”。每只猫都很听她的话，只要她呼唤猫名，都会噌噌地聚到她身边扑进她的怀抱里。她宁愿自己吃不上好的饭菜，也要想办法买鱼喂给猫吃。新中国成立后她靠政府救济过日脚，大多数的猫也只能送给别人，只留了两只最钟爱的猫陪她。因为她这么爱猫，所以还有人直接就称她“猫小姐”。

虎大宝。虎大宝姓强，家住南禅寺旁，自幼失去父母。因他身强力壮，生相凶恶，声腔极大，脾气暴躁，当地强姓家族不愿同他合作做事。他有力无法使，渐渐沦为乞丐，外号叫“强痞头叫花子”。虎大宝虽然生相难看，但心地不坏。抗战时，他病死在家中。

阿凤。她家住小河上“少宰地”旁。阿凤嫁于秦家，所以在小河上有她秦家祖居一席之地。她早年亡夫，成了年轻寡妇。她有老有小，生活困难，心中十分悲切，日日望天而哭，见老抱小也哭，缺米少炊也哭，声泪俱下。由于生活所迫，后来就以替人哭丧为业。她每天早晨在家练哭，渐渐练成高超的哭艺，声泪俱下，很能感染人，所以人称哭丧婆阿凤。无锡有钱人家举丧都要请她哭丧，她能针对不同的死者，用不同的哭调哭，声起泪落，引人哀思；并且对不同的吊唁人，哭唱悦耳动听的赞歌。阿凤寿命很长，活到一百零二岁，并有后裔。

阿五。一般人都称他为呆头阿五，早初住在镇巷里。他一只眼睛有疾，生相壮实粗暴，有一手烧制五香豆的本领。早初他提篮沿街叫卖自制的五香豆，自称：“呆头卖卖五香豆，大小生意呒做头，缫丝阿姐翻花头，头上烫了飞机头，手里拿只饭篮头，打盆丫头吃苦头，空早做到黄昏头……”他能一连唱几十个“头”。他连唱时，不许别人学他，要是听到有人学唱，他就粗声骂。由于阿五烧制的五香豆配方奇妙，甜咸适中，上口香气诱人，所以很受人欢迎。后来阿五在崇安寺内摆了五香豆摊，生意蛮好，也出了名。

阿奎。阿奎也是“瞎子”，家住周山浜，他以卖皇历为业。阿奎有一个小女儿，他在大街小巷叫卖皇历时，小女儿总是跟着同行。他一只手搭在女儿肩上，女儿身上还挂满了吴歌、小曲和故事等各种小册子。喊卖时阿奎能一口气将新皇历的时令、节气背得滚瓜烂熟，有时还边拉胡琴边唱吴歌和小曲。由于他年年月月在锡城各处卖书，无锡人都认识他。他满口吉利、太平、丰收等话，无锡人都愿意买他的皇历和小册子，称他为“瞎子阿奎”。

秦鹤炳。他早初就住在观前街洞虚宫古井对面我舅舅家，以开命相馆为业。出了名后才迁移到公园路盛巷里。新馆开业后，卜卦、算命、论相，当时红极锡城。他请一群合作者暗示配合，与人论相时，光喝老婆为他准备的茶，茶中的暗示能减少失言。由于算命多年，经验丰富，他套口气、记忆分析、判断能力特强。他能抓住论相人的特点、心理，对来算命的人做出准确判断，所以他名声很大，生意十分兴旺，有时找他算命都要排队。他算是这个行当中的名人。新中国成立后，他不愿放弃这个职业，多次受到教育帮助，还让他在城中公园内，说出卜卦、算命、论相的种种骗局和把戏，以此来教育群众。

上面这“无锡八怪”当中，最有名气的应该算是瞎子阿炳、哭丧婆阿凤和算命的秦鹤炳。

阿炳是1950年12月死在图书馆路家中的。他死的时候很悲惨，董彩娣正好回江阴老家参加土改分田了，身边没有一个亲人。还是居委会主任张师母发现阿炳的大门两天没有开，进去后才发现人已经死了。据说面孔上已经被老鼠咬掉了一块肉。张师母的先生叫张其勤，是无锡米业名家，家里很有钱的。后来是张师母家出钱买了棺材，邻里还派人，其中有张师母的大儿子张奇庸，一起去送埋了阿炳。阿炳的墓在璨山明阳观东侧明阳公墓旁。

有人讲阿炳葬在道士墓地，这种说法不正确。明阳观旁的明阳公墓，不是道士墓，而是我们家老祖宗谈氏明阳公墓。墓主人谈悌，号明阳，是谈恺的弟弟，明嘉靖时官授鸿胪寺卿。明阳公墓占地四十三亩，但是只葬了三个人，除明阳公本人外，还有其妻秦氏，另有一侄媳妇。明阳公墓旁确实有道士墓，但是很小。阿炳墓在谈氏墓地内，确切位置就在后来海军招待所对面下山坡上，没有被破坏时墓上有大栗树。

另有人讲“文革”开始就将阿炳墓扒掉砸掉也不准确。阿炳落葬后，有谈氏后裔觉得占了祖宗坟地，主张扒掉。但后来还是将墓保留下来了，因为“文革”开始时，墓地上有大片大栗树，长得茂密，又很少有人来，再则阿炳的《二泉映月》影响较大，后来就算了。

农业学大寨时，大概是在1974年春，璨山生产队大搞平田整地，拆墓造大猪舍，我们祖宗的明阳大墓和阿炳墓才被扒平，但是那一次棺材没有挖出来。墓地上的大栗树被坌倒，平整后改种蔬菜；阿炳的墓碑被用作猪舍的门槛，碑的两端砌入墙中。后来我的朋友韩可元通过我写条子给瓁山生产队的队长薛阿明，出钱将集体猪舍墙中的阿炳墓碑起出，搬到了团结新村他自己的家中。当时我在郊区蔬菜科当科长，平坟种蔬菜都是我管的。

后来，又在明阳公墓地上造郊区太湖元件厂。我叔叔谈荣林是元件厂的干部，他们这次将明阳公墓彻彻底底大挖掘，将谈家老祖宗的三具楠木棺材以及阿炳的棺木，统统挖出，焚烧后推入旁边的河中。从那时起，明阳公墓地全部变成了厂区。

2008 年 4 月 30 日

第一个劳动节，我们请阿炳来演出

受访人：张玉英
（1928 年出生，无锡市
缫丝一厂退休干部）

张玉英女士住在无锡南门外南长街张家弄内。这是无锡极富特色的运河古街区，穿无锡城而过的京杭古运河，就在她家的近旁。

虽然年已八旬，但张玉英女士整洁娴静，不论是举止，还是思维，都看不出老态。谈话过程中，她清晰的记忆，常常让我叹服。

新中国成立后，张玉英女士即进入无锡市缫丝一厂工作，直到1979年从该厂退休。退休以后，她上过老年大学，读的是古典文学班，不过她似乎更喜欢书画，“要是当时报的是书画班就好了”。我们见面的张家客堂里满是书画之香，最引人注目的，是一幅中堂画及两旁的对联。

张女士介绍，这幅名叫《饲鹦图》的工笔中堂画，是她老年大学的老师陆海宁的夫人所画，画中题诗则是陆老师的手笔：“佳人亲手饲鹦劳，一抹红唇映绿袍。舌巧心灵堪学语，玉笼金锁宠而娇。”画旁的对联，则是她老年大学的同学赵瑞安特别为她量身定制：“荷莲玉质婷婷立，雪梅英姿阵阵香。”联中巧妙地嵌入了“玉英”二字。

我最后一次见到阿炳，是在1950年5月1日第一个劳动节，我们请阿炳来演出，到我们读报组搞的庆祝文娱晚会上来演出。

新中国成立前的旧社会是相当乱的，生活极不稳定。只有新中国成立了，工人才真正翻身，有了保障。那时的高兴是发自心里的，所以要庆祝。

旧社会真的是很乱。我还记得日本人第一次在无锡扔炸弹的事情。那是1937年，农历九月十三，我正好十岁，上小学二年级。那天我去上学，半路上拉起了警报。我站着不动，不是太慌张，亲眼看到有飞机低下来又高起来，然后就是炸弹爆炸。到学校后，老师让我们都背书包回家，课不上了。有的同学因为害怕，哭起来，我好像还是很镇定。

我们家是在当年的农历十月二十三开始逃难的。逃难的条件同一般人比起来，还算是很好的了。因为我姑父是开船厂的，所以就弄了两只船，载了四家人离开无锡。而一般人逃难，没有交通工具，就挑一对篮，有的一头装东西，一头坐了小孩，实在挑不动了，只好把能扔的东西全部扔掉。那时候老百姓是没有人来管的，也不知道往哪里逃。有的人逃的方向搞错了，反而撞上了日本人的枪口。当时路上除了到处逃难的人，还有许多杂乱的败兵。我们开始也不知道要往哪里逃，最后还是姑父说，就先逃到来他们厂买过船的船户那儿去吧。这样，我们两只船上的四家人，就逃到了常州的小四房。

在常州稍微安定下来后，我父亲觉得不能这样坐吃山空，打听到宜兴的周铁桥人多，比较繁华，好做生意，就带我们一家离开常州，到了周铁桥。周铁桥是宜兴靠近太湖边的一个大镇，以前是牙科医生的父亲，就在周铁桥做做生意，维持生计。

到了第二年，也就是 1938 年，听到日本人不随便杀人了，逃难的人才陆陆续续回到无锡。我们一家是 1938 年的农历三月二十八返回无锡的，因为这天正是大老爷出会的日脚，所以记得特别牢。

我们家在无锡南长街上的张家弄内。回到家，发现房子已经有些破损，而且家里的一个空房间里还住着人。住在我们家的人看到房主人回来，就对我们说：我们看见这房子没有人才暂时住住的，你们回来了我们就搬走。那时候人的心都特别好。他们还告诉我们，房子破损的原因主要是日本人曾经把马牵放在这里。我父亲请人把房子修理一下后，我们就算是重新回到了家。

抗战胜利以后，社会也不太平。各种各样的部队很多，七八个人，几支枪，就可以称为一个部队，光是南长街上就有好几个这种部队。那时候生活一点保障都没有，物价飞涨，今天发到的工资可以买到点米，也许到了明天就只能买几张纸了。那时候就知道阿炳，他说新闻敢说敢为，敢骂地痞流氓。

1946 年我结婚后，就离开张家弄，搬到婆家——城中的新街巷，靠钱锺书故居很近。1949 年，又从新街巷搬出，住到了三凤桥和大市桥之间的中山路上。我住的地方两头有慎余肉庄（今三凤桥肉庄）、过福来馄饨店、浴德池浴室、世泰盛绸布庄等老字号，与原来的雷尊殿、火神殿很近，更是经常能够看到阿炳。不过我不喜欢凑热闹，人家在围观什么东西我一般是不凑上去的。

1949 年新中国成立后，工人阶级真正是彻底大翻身。我在缫丝一厂工作，当时因为新中国刚成立，百废待兴，物价还有波动，为了保障工人生活，我们工作一天的收入算一个“折值”单位。“折值”的内容包括米、布等生活必需品。也就是说，不管物价怎么变动，我们一天的工资能买到的实物总是一样的。

新中国刚成立，先成立居民小组，由解放军指定地区上最穷的人做居民小组组长。后来居民小组又改成读报组，读报组就是居委会的前身。我因为有文化，就负责在读报组为居民读报。一般一周集中两三次，读的内容都是报纸上登的国家大事。

1950 年 5 月 1 日是我们过的第一个劳动节，新中国成立前的旧社会从来不知道有这个节。那次无锡组织工人庆祝五一大游行，真正盛况空前。工人都戴八角帽，穿青色的列宁装，扛着毛泽东、朱德这些领导人像，有腰鼓队、红旗队等，人山人海。新中国成立前无锡没有开大会的场地，现在的体育公园身底下在当时是一大片坟地，几乎是一夜之间，这一片地方就全部被铲平，当作体育场，游行队伍最后就在体育场举行大集会。

那天晚上，我们读报组也搞庆祝文娱晚会。因为要安排组织晚会的节目，事前，我们这些老邻居同时想到了阿炳，到时能不能请阿炳来给大家表演一下。读报组组长顾先生说：“阿炳现在在苏锡班轮船上卖唱，我和他熟悉，我去请他来演出。”

顾先生的家在连着中山路的顾家弄内，我们读报组的文娱晚会就在顾家大厅里举行。华灯初上的时候，我们在顾家门口等候阿炳。这时，两辆黄包车在门口停下来，一辆坐的是顾先生，一辆坐的是阿炳。只见抢先下来的顾先生，扶着阿炳从黄包车上慢慢走下来。阿炳身穿青灰布长衫，清清爽爽，身体看起来也蛮好，不像有病的样子；头上是黑色铜盆帽，戴一副墨镜，不像照片上一边高一边低。他手拿一把胡琴，我看见琴杆上还绑着一只口琴。

晚会开始，顾家大厅里坐满了人。先介绍五一劳动节的由来，致开幕词。然后就由地方上的居民表演联欢节目，有锡剧、京剧、评弹、歌曲等。最后，请阿炳压轴演出。阿炳先说了一段新旧社会的对比词，接着拉琴。阿炳拉琴的水平非常高，拉得非常好听。随着一阵阵热烈的掌声，阿炳也拉得越来越有劲头，他不光拉，还加上口琴伴奏，把听众完全带到他的琴声世界之中。手拉口吹是阿炳除顶弹琵琶外的又一绝技，除了琴声，大厅上鸦雀无声，直到阿炳的琴声戛然而止，大家才回过神来，热烈的掌声久久不息。大家纷纷围上去和阿炳寒暄，问生活如何、身体好坏，最后珍重道别，相约来年。

后来听说政府已经派人为阿炳录音，还邀请他到有关大会上演出，心里为阿炳感到庆幸。但是，在当年 12 月的一天，噩耗传来，说是阿炳肺上的旧病复发，突然吐血身亡，终年五十七岁。大家感到无限惋惜，叹他怀一身绝技，满腔热血，正在阳光照耀、可以大展才华的时候，却病魔作祟，被夺走了生命。

2008 年 5 月 10 日

我是听阿炳演奏最多的人之一

受访人：华钰麟
（1929年出生，20世纪50年代初无锡《晓报》记者、编辑）

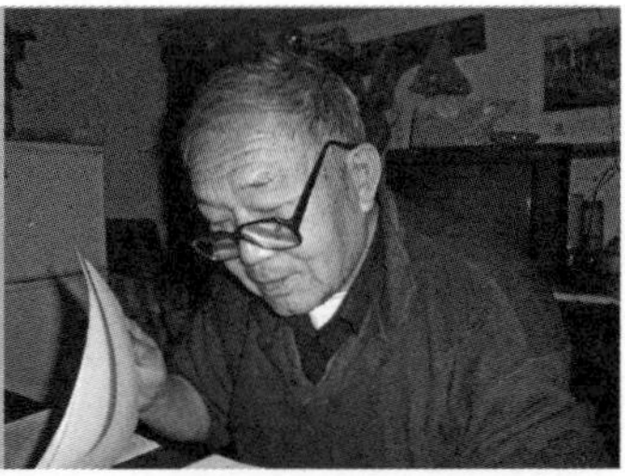

华钰麟先生的家在无锡城南的中联新村。约好见面的那天下午，下起了大雨，我冒雨乘11路公交车前往。敲开华家的门时，老人还有些意外：“我以为下雨你不来了呢。”

中联新村是一个普通的居民“新村”，颇有些旧了。湿淋淋的绿树杂乱，新村中某个生意冷清的理发店门口，一个头发挑染成黄色、光着上身的小伙子，倚门望着雨天发呆。华先生家在底楼，进门感觉光线很暗。这似乎是一个局促的单间，屋里摆满了变了颜色的旧桌旧椅，只有狭长房间的南端透来一方亮闪闪的水绿——屋前的小院内种满了花草。

华钰麟先生的老伴前两年已经去世（墙上镜框里有她的画像），儿子在外面，所以老人现在一个人住。两根吃剩的油条，插在塑料袋里，挂在我正对面的墙钩上。也许是因为寂寞，家里养了一条黄狗。我进屋后，它就一直安静地趴卧在幽暗的门角落里。

新中国成立前华家在无锡城里有一定势力。华钰麟先生有三个哥哥、两个姐姐，其父在中山路打铁桥下开的红木工艺品店，最盛时雇有六七十名工人。

今年七十八岁的华钰麟先生身体看起来依然健壮，讲话中气很足。据老人介绍，20 世纪 50 年代初，他曾在无锡的《晓报》工作，笔名“阿方”，抄过电讯，跑过文体、经济等条线的新闻。华老还透露，《晓报》同事陈洁曾参与了杨荫浏为阿炳录音事，并且在当时的《晓报》上登载了关于阿炳录音的报道。

因前面已有两位受访的老人也在《晓报》工作过，回家后我遂翻《无锡文化大观》，仔细查找《晓报》的条目。《晓报》，1950 年元旦创刊，社址在无锡市中市桥巷 33 号，后迁观前街 117 号，再迁崇安寺 15 号。这是新中国成立后无锡创办的一份民办报纸，主要读者对象是广大市民群众和工商界人士。1954年1月7日，中共无锡市委机关报《工人生活》在无锡市复刊后，《晓报》工作人员自行申请于1954年2月1日停刊，共出版1466期。

杨荫浏等为阿炳录音是在1950年9月2日，如果报纸报道此事，应该在录音后的几天内。后来我去无锡图书馆查找《晓报》，非常遗憾的是，1950年9月到12月的《晓报》合订本中，唯独缺少了9月1日到6日这六天的报纸，因此没有查到有关录音的消息。

华钰麟先生退休前在一家建筑公司的工会管理图书。赋闲在家，目前正应邀为无锡的一个民间社团太湖文化研究会撰写一些涉及无锡老街、老字号方面的回忆文章。

1941年到1949年，我家住在无锡城里紧靠中山路一侧的沙文丼53号，不远处就是无锡城的“控江门”（即老北门，抗战胜利后改称胜利门）。我家是背靠城墙门临河，城墙外是露华弄。当年阿炳每天黄昏后到城外北塘和火车站工运路等地区卖唱，每到晚上十点左右结束一天卖唱回城中图书馆旁的住地，无论是从北塘经莲蓉桥、北大街，还是从工运路过吉祥桥经露华弄，老北门是阿炳回家的必经之地。那几年中，只要阿炳出来卖唱，我几乎每天都能听到他的琴声，因此完全可以这样说：我

无锡米市旧影

是听阿炳演奏最多的人之一。

阿炳演奏卖唱的地方是当年无锡的“商业区”和“红灯区”。北塘沿河是“商业区”。无锡是中国四大米市之一，米市就在北塘沿河，那里聚集着“米行帮”，生意人众多。火车站到工运路再到吉祥桥一带，可以说是当年的“红灯区”，那里旅馆、饭店、娱乐场所林立，人流量大，是繁华热闹之地。我现在还记得清楚的，就有京沪饭店、汇中饭店、中央戏院、泰山戏院、金城大戏院、东新戏院、南京电影院、宴宾楼、万利酒家等。

阿炳出来做生意总是“先生”打扮，穿的长衫虽然旧，但没有补丁，穿袜着鞋，从不光脚。阿炳随身还带有一本卖唱折子，纸质，用毛笔字写就，有三四十页，分唱、拉、弹三个部分，明码标价。二胡拉一曲，两角，琵琶弹一曲，五角；唱的部分，普通的两角一支，带点黄色的五角一支。折子上，唱的内容有五六十支，如《哭七七》《十八摸》《梳妆台》《小寡妇上坟》等；二胡曲目有上百个，其中广东音乐很多，因为30年代广东音乐在无锡也特别流行，像《小桃红》《昭君怨》《寄生草》《雨打芭蕉》等；琵琶曲目有二三十个，如《春江花月夜》《梅花三弄》等。

日寇侵占下的无锡，每天晚上七点钟，驻守各个城门的日本兵便要关闭城门（每个城门有二三十个日本兵），禁止人员出入，除非持有日本宪兵队颁发的“特别通行证”。阿炳当然没有这种通行证，但他美妙的二胡乐曲，却能征服凶横不可一世的日本兵。每晚阿炳卖唱结束回家，日本兵只要听到他的琴声，便会将城门开一条缝隙，让阿炳进城。所以，阿炳如果从北塘回家，那么在莲蓉桥便开始操琴，要是从工运路回家，那么一过吉祥桥就拉起二胡，用琴声通知看城门的日本兵：我阿炳要进城了。和董彩娣一起侧身进城的同时，阿炳会用单弦拉几个音符，随口胡调几声，“谢谢东洋先生”。有时也会应日本兵的要求，随手拉上一曲以示应付。当年居住在老北门附近的居民，无论是严寒的冬天，还是酷热的夏天，每当夜深人静的时候，总会听到阿炳幽雅动听的二胡声，从远到近，再从近到远，渐渐归于万籁俱寂的境界——这时候，所有的人就会意识到：夜深了，一天又过去了，该睡觉了。

琴是心声。从不同的琴声上完全可以判断出当日阿炳生意的好坏。譬如从吉祥桥到老北门，一路琴声轻快，花十分钟左右走到，表明阿炳这天生意不错；如果这段距离要花近二十分钟，而且一路拉的胡琴缓慢、哀伤，那就是说，这天的生意清淡，来日饮食无着——每当这种时候，我母亲总要在家里帮阿炳叹息：罪过人的，阿炳生意不好呃！我印象深的是落雪天，阿炳夜里回家时的琴声特别凄凉。

阿炳当年总叫我“小华先生”。我难忘的是酷暑未消的初秋夜晚，月白风轻，逢到阿炳生意好回家早的时候，我们几个乘凉的人常常会凑份子去迎候阿炳，请他来奏几首乐曲，以消磨暑气未消的秋夜。

阿炳坐下后，就问我们要听琴还是听唱。我们当然愿意听他的琴。在这种场合，阿炳由于当天生意好，现在又有这样的一笔意外收入，加上我们烟、茶招待，更神完气足，操起二胡来更是全神贯注。一曲曲美妙的江南丝竹、粤曲从阿炳那把破旧不堪的二胡中奏出，加上不远处小河边有几棵垂柳随风摇动，河上不时有凉爽的河风吹来，抬头是万里无云、碧空如洗，低头只见一轮明月倒映河中，不时吹过来的河风将河面的月光晃成万道银光，此景，此曲，使我们几个乘凉的年轻人陶醉在如梦似幻的境界中。

夜深了，暑气消了，阿炳也该回家休息了。道别后，阿炳由董彩娣搀扶，慢慢离开。走不远，阿炳又拉起了他的二胡，美妙的琴声再次渐渐地远去，远去，直至消失。六十年过去了，阿炳的琴声好像一直没有消失，好像一直响在我的耳际、我的脑海深处。

阿炳的一生，除最后两年外，都是生活在半封建半殖民地的动荡年代。旧社会腐败风气的影响，使他生活上沾染了不良习惯，导致了他的堕落和双目失明，沦落为一个自食其力的卖艺人，是不足为奇的。当时有少数官绅、富商咒骂阿炳是“讨饭叫花子”，这是因为这些贪官、奸商曾经被阿炳骂过，阿炳揭露过他们的丑事，得罪过他们，这些败类就倒打一耙说阿炳是“讨饭叫花子”。我认为瞎子阿炳从来没有讨过饭，在我见到阿炳的十多年中，阿炳从来不吃嗟来之食，到死一直着长衫，拿钞票从来不直接用手去接，全凭他超群的演唱艺术来换取他的生活来源。要不然，中兴乐器店的老板“华三胖”能为阿炳免费修理乐器吗？喜福里饭店的老板李喜福能主动免费供应阿炳困境中的晚餐吗？阿炳以卖唱获取生活来源，和现在以艺为生的当红歌手像周杰伦他们没有什么两样，不过是演出的场合不同、演唱的方式不同而已。

也有人指责瞎子阿炳当年进出城门对日本人点头哈腰，要“谢谢东洋先生”，说他没有民族骨气，是“汉奸”，这种说法是站不住脚的，我不同意。我认为这是阿炳为生计而做的权宜之举。前一天晚上阿炳“谢谢东洋先生”，第二天下午，阿炳就敢于在当时无锡城内最热闹的场所——图书馆旁边，在大庭广众之中，面对上百名听众破口大骂“东洋赤佬”“东洋乌龟”！请问，有没有这样的“汉奸”？

阿炳不是一个革命者，但富有正义感，支持革命。我有一个老友许统福当年是中共地下党员，我曾听他讲过阿炳的事情。新中国成立前在开展活动时，他们经常在京沪饭店开一个房间，以打麻将为名召开秘密会议。每次开会，总请阿炳坐在房门口佯作卖唱，叮嘱他和董彩娣遇到可疑人物出现，就拉琴报告。阿炳心知肚明，许统福他们是开展敌对斗争，每次活动结束，他从不索要报酬。

自从阿炳的《二泉映月》成为传世的世界著名乐曲后，在介绍阿炳生平的资料中，都非常忌讳提到因生活不检点而导致他沦为卖艺人的这段过程。实质上，阿炳如果没有这段周折，充其量只是一个循规蹈矩的雷尊殿当家道士而已，终生诵经拜忏做道场，不会去深入研究民乐以及进行乐曲创作，也许一个音乐天才便会庸庸碌碌地度过一生。正是由于沦落到以卖唱为生，接触到社会的最底层，充分领略到了劳动人民为谋求活计而遭遇的难以言表的艰辛，也由于他自己所处的社会地位，他尝遍了人生的甜、酸、苦、辣。所有这些感受，才最终成就了阿炳的《二泉映月》。

有关阿炳的照片，到目前为止除了敌伪时期贴在“良民证”上的那张外，再无其他。不过，1939 年 11 月，在上海国华影业出品的黑白故事片《七重天》（周璇主演）

中，据说阿炳在其中做过群众演员，扮一位盲艺人。从这部影片中可以见到阿炳的全身形象。

2006 年 6 月 30 日

《二泉映月》是无锡人的“就寝音乐”

受访人：姚德云
（1930年出生，无锡人民广播电台《周末生活》资深编辑）

我不认识姚德云先生，但是很早就知道“姚德云”这个名字。1983至1986年我就读无锡师范学校的那段时间，每逢周末黄昏，许多宿舍的收音机里都会飘出同样的旋律和主持人的声音。这是无锡人民广播电台周末的一档固定节目：《周末生活》。同学们都非常喜欢听这个节目，因为它每期总围绕一个主题，谈天说地，旁征博引，同时穿插许多首我们喜闻乐听的、流行或传统的歌曲。从那时起，就深深记住了这档节目的编辑：姚德云。

采访姚德云先生，心中有一种暗暗的兴奋和期待，因为就要见到自己的“广播偶像”了。当然，现在对姚老的了解已经不仅仅是他的名字了。

姚德云先生是无锡城里著名的“资深广播人”。他1956年9月进无锡人民广播电台，除去“文革”期间下放江苏北部的大丰锻炼外，一直在电台工作至今。他从记者起步，历任无锡人民广播电台综合组组长、教科文部主任、总编室主任等职。1961年10月，姚老首创广播副刊性节目——《周末生活》，从此，姚德云和《周末生活》这两个名字，就在无锡一带的听众心中紧密相连。我们当年喜爱的《周末生活》，这档兼具思想性、知识性、趣味性和欣赏性，有着固定结构形式和内容风格的节目，可能在中国广播史上也完全值得记上一笔，创办至今已历时四十五年，除在“文革”期间被迫中断外，到我采访姚老的这周为止，正好已经整整播出了1650期！2006年七十六岁的姚老，仍然每周为台里打理主编着这档半小时的名牌节目——他舍不得听众，《周末生活》的老听众们同样舍不得他。

约好见面的那天上午九点，我在无锡人民广播电台大门外打姚德云先生的手机。没过两分钟，一位身材不高、略为发福、整洁和蔼的长者，就从电台大院内出来，走进我的视线。正值上班时间，进出大院的汽车很多，因此门口相当杂乱。虽然此前我们没有见过，但他隔着汽车在大门那边就向我招手；而几乎同时，我也同样向他招手——我们俩似乎是已经见过多次的熟人。穿短袖衬衣的姚老戴眼镜，平顶头，极短的根根竖直的头发已全部花白。他和门卫打过招呼后，就领着我走进电台，我们在电台大楼内一间活动室的临窗沙发上坐下。姚老先签名送了我一本厚厚的《周末集粹·续编》，然后，我们开始了有关阿炳和《二泉映月》的访谈。

我的一生和阿炳的《二泉映月》有着不解之缘。我之所以会进电台工作，缘起就是这首不朽名曲《二泉映月》。

忆当年，我自幼就对阿炳无比崇拜。尽管因为穷，阿炳的二胡破旧不堪，连琴弦也是一段段打结接起来的，但他的琴艺十分高超，会在二胡上模仿鸡鸣狗叫、禽鸟歌声、男女哭笑以及讲话声。每当卖唱生意好，阿炳高兴时，就常常用二胡模拟无锡土话说声“谢谢”。

新中国成立前，我父亲在汉昌路一家五金店工作（地点在现无锡二百商厦旁），我跟着父亲住在店里。除了刮风下雨，几乎每天晚上都有机会亲眼看见阿炳从光复门出来，经过我们店门口，到附近的火车站地区卖艺。

阿炳总穿青灰色的竹布长衫，头顶束着道士髻，戴

无锡光复门旧影

一副茶色眼镜。他肩挂一把破琵琶，手操琴弓拉着二胡，边走边习惯性地侧过头，好像在认真仔细地倾听校正着琴弦上奏出来的每一个音符。他的妻子则在旁边牵住他的衣角，帮阿炳引路。有时我会被乐曲迷住，尾随阿炳和他的琴音，恋恋不舍地跟上好一阵。

阿炳卖艺结束回家，夜渐渐深了，城里城外一片安静。他回家的路上还是边走边拉琴，在我记忆中，他就拉《二泉映月》这一首，别的不拉。夜深人静，万籁俱寂，唯有阿炳的琴声，在无锡宁静的夜空里袅袅回荡，传遍千家万户。人们听到这几乎日日都听得见的熟悉琴声，有的就会喃喃自语：阿炳也回家了，不早了，要睡觉了。

新中国成立以后，大概是在1956年四五月间，一次偶然的机会听到无锡人民广播电台晚间全天播音节目结束时播出的“终了曲”，选用的是托赛里的《小夜曲》。我感到欠妥，认为与无锡的地方人文历史氛围大相径庭。于是就致信广播电台，陈述理由，并具体建议无锡电台，“终了曲”宜采用无锡的“小夜曲”——无锡人家喻户晓、耳熟能详的《二泉映月》。

这里要插一句我与广播的缘分。我从小就十分喜爱广播。小时候跟母亲去绸布庄买布做衣服，每次去，我都要到绸布庄的楼上，看看设在那里的广播电台——那是当时的私人商业电台，就一两个人，几张唱片。这是我了解广播的最初启蒙。十八岁我进一家钱庄做学徒，对广播的兴趣越来越浓。别的东西我不买，就买了一台收音机。收音机在当时是很宝贵的，我白天工作时把它放在柜台下面听，晚上就把它抱到钱庄的阁楼上——我就睡在阁楼上，躺在床上听。我爱听广播的习惯，从那时起一直延续到今天。

再说给电台写信的事。我的建议信发出后，立即引起广播电台领导的高度重视，信件被全文刊登于《无锡广播节目报》头版。当时电台的张雷平台长亲自来到我工作的西新街道办事处，当面告知准备采纳我的建议；并根据我的具体情况，在当年也即 1956 年 9 月，将我正式调入电台工作。

从 1956 年 10 月开始，无锡人民广播电台正式将全天节目结束的“终了曲”改为阿炳的《二泉映月》。乐曲演奏者，系前线歌舞团著名的二胡演奏家张锐领奏的小乐队。

从此，阿炳那如泣如诉的《二泉映月》旋律，借助电波，在每天夜阑人静的时刻，回荡萦绕于无锡上空。当年由于收音机没有普及，无锡城内家家户户都安装有线广播喇叭。这种收听工具因为不需要耗电，一般用户整天开着从不关闭。所以，夜深时分，电台播放的《二泉映月》响彻全城。一时间，空气中迷漫飘散开来的全是

《二泉映月》的琴声，这成为太湖之滨无锡城夜间的一道独特的风景线。

没有想到的是，“终了曲”《二泉映月》还变成无锡人的“就寝音乐”。有不少家庭，仿佛上了瘾一样，每天一定要听了这支乐曲才能安然入睡，不然，总会觉得少了什么而睡不踏实。

无锡夜空里电波传送的《二泉映月》，好像再现了当年阿炳踏着月色，伴随着从他琴弦上奏出的琴音，踽踽独行的画面。

遗憾的是，“文革”期间，《二泉映月》同样含冤蒙尘，被诬为“黑曲”“迷魂曲”，遭受批判，打入冷宫。直到粉碎“四人帮”以后，云开雾散，《二泉映月》才重又得到应有的尊重和荣誉，无锡人民广播电台于 1977 年底，恢复使用《二泉映月》作为全天播音节目结束的“终了曲”。

我很欣慰，如今无锡人有幸又可以每晚聆听到阿炳呕心沥血的不朽名曲《二泉映月》，我觉得，这是身为无锡人难得的、独享的福分。

2006 年 7 月 17 日

我曾负责并亲自参与帮阿炳拾骨

受访人：钱宗奎
（1930年出生，无锡
文物专家）

辗转和钱宗奎先生联系上，在电话中，他对是否接受我的采访略有些迟疑，不过最终还是答应了。我们约好日子和时间，碰头的地方是钱先生定的，在无锡锡惠公园内“天下第二泉”的门口。

钱宗奎先生1954年就开始从事文博工作，参与了无锡市博物馆的筹创工作，在这个行业一直干到六十五岁退休。可以说，他见证了无锡文博事业的发展壮大。

约好见面的时间是上午9时30分，那天我提前到达二泉门口。9时25分，一位戴蓝帽子、拎一只小包的洁净老人，在游园的人群中朝二泉门口走来。虽然我们从未见过，但几乎同时，我们点头致意，确认了对方。

在“天下第二泉”旁边楼上的清静茶室里，我们坐聊。正是江南春天，木格子的窗外杨柳吐绿，樱花怒放。钱宗奎先生十分低调，婉拒谈论自己，但对有关阿炳的回忆，却娓娓道来，整个谈话逻辑清晰又表述生动。

我小时候就见过阿炳。那时我家住在城里东大街附近的周巷，离崇安寺和阿炳的家都不远，所以经常能够看见阿炳。

现在回忆起来，关于阿炳，有三个场景让我印象特别深。

第一个场景，是在崇安寺三万昌茶馆旁边的广场上，听阿炳说新闻。

实际上，当年无锡人熟悉阿炳，音乐倒是次要的，主要是他的说新闻。为什么？那时候没有电视，一般人也听不到广播，读书人少，报纸不是人人能读，所以普通人的新闻来源非常少，而阿炳的说新闻正好满足了他们这方面的需要。阿炳说的新闻从哪里来？一是阿炳经常在茶馆里走动，从茶馆里听来的；二是据说阿炳常请人读报纸，他非常聪明，听到觉得有意思的新闻，自己就能记住，并马上会在心里编好顺口溜。

阿炳在广场上说新闻，是站在借来的长凳上，长凳有时是一张，有时是两张。董彩娣也在旁边。阿炳说新闻的道具是三块竹板，左手两块，右手一块，一边说一边敲。

当时我人小，看到阿炳感觉有点怕。从正面看戴着墨镜的阿炳还不要紧，如果从侧面看，就会发现墨镜后面的眼窝深陷，看不见眼珠，整个头部像一个骷髅。而且阿炳的牙齿粗大、发黄，确实有点怕人。

阿炳穿的长衫很不合身，明显肥大，而且脏，特别是胸前那一块地方。董彩娣的衣裳也是很肥大。两个人衣裳的式样，看起来是过时了几十年的样子。现在想起来，可能他们是在估衣店买的旧衣服。旧社会无锡城里城外有许多估衣店，所谓估衣店就是卖二手衣服的店。我小时候经常看见估衣店的伙计，拿着一件件旧衣服在店门口吆喝，一边演示衣服的质料结实，一边报价，并慢慢跌价，直到报出一个最低价。

阿炳的头发看起来也是乱的，虽然挽了道士髻，但有时散开来，明显看出不是天天整理头发。

阿炳拉的二胡的琴筒，我看见的是用毛竹筒做的。毛竹琴筒最便宜。阿炳的毛竹琴筒一端蒙了蛇皮，一端是空的。阿炳说完新闻或拉完琴，就用二胡琴筒向大家凑钱，也就是把琴筒空的一端朝上，蒙蛇皮的一端在下，这样琴筒就成了可以放铜板的容器。凑完钱，董彩娣就数有多少，如果满意，阿炳就开心，如果不满意，认为钱太少，不够吃饭吃大烟，阿炳就会发脾气，骂人，阿炳的声音高得很，一定要围观的人再凑。

如果一直凑不到满意的数目，阿炳除了用嘴，还用二胡发脾气。他会用二胡拉出类似唢呐吹出的出丧音乐，嘴里还讲“送你到锡麓山庄去！”锡麓山庄是当年人死落葬前暂时寄放灵柩的地方，在无锡锡山山麓。有时候阿炳不拉出丧音乐，而是用二胡拉出军号的声音，这时他嘴里就改讲“送你到南门校场去！”南门校场是以前行刑砍头的地方。锡麓山庄和南门校场都是不吉利的地方，阿炳这是用话来“钝”（无锡方言，咒的意思）不肯出钱的围观听众。

第二个场景，是在一个热天的夜里。那次的印象，主要是阿炳的琴声。过去的热天，晚上大家都习惯在房子外面乘风凉。那天我也坐在门口乘凉，因为当年城里很少有汽车，也没有其他什么噪声，所以到了晚上四周就很清静。天也很黑，弄堂里的路灯很稀，只有转弯的地方才可能有孤零零的一盏。这时候远远地从弄堂那头就传来二胡的声音，黑暗之中琴声由远到近，由低到高，在晚上的弄堂里显得非常清楚。拉的是什么不知道了，但感觉真是好听！听到琴声，乘凉的人都知道是阿炳来了。那个晚上阿炳走过来后，对面人家请阿炳停下，照顾了他的生意，因为那户人家正好白天请几个泥水匠在家里干活，晚上歇下来没有事，主人就用阿炳的琴声和说新闻犒赏他们。阿炳边走边拉琴，其实是用二胡的声音来招揽生意。

第三个场景，是在北塘庙会上看到阿炳。那是在抗战后期。古运河黄埠墩对面有个府殿，每年农忙前都有个庙会，很热闹，城外的农民都来这个庙会买农具。我在这个拥挤的庙会看到阿炳站在长凳上，正在向人说新闻。那天说的内容我还记得很清楚，是说“水巡队长 ×××，被人打死在轮船上”。

等到我参加工作后，就不大去看阿炳的热闹了。想不到后来还是和阿炳有缘，在 1979 年，组织上由我负责并亲自参与帮阿炳拾骨。

阿炳是在 1950 年 12 月去世的。根据我对当年亲手埋葬阿炳的严云福老人的调查，阿炳落葬那天是下雪天。阿炳的棺材很薄，有点像有钱人施舍的不要钱的“舍材”。阿炳的棺材先是用小船由城中运到无锡西郊河埒口河埒浜，然后由严云福等两人抬着，走在前面带路的只有阿炳的“堂兄”华炳钧一人，没有其他送葬人。大雪纷飞中，阿炳被伶仃地抬到璨山明阳观东面，埋葬在当地人称作

“道士坟”的坟地上。

当年阿炳的坟，背山朝南，筑有土垣墙，墓门两侧竖立金山石四方柱头一对，上面刻着阴文，东是“光绪拾叁年岁次丁亥桃月”，西是“一和山房弟子严涵溶日立”。垣墙内有三座土坟墩，形状像鼎立，阿炳坟是西南角的一座。大概是在1959年春，中国音乐研究所和无锡市文学艺术工作者联合会在阿炳坟前竖立了一块墓碑，碑的内容是：“一八八七年——一九五零年，音乐家华彦均阿炳之墓，中国音乐研究所、无锡市文学艺术工作者联合会立。”碑文是无锡画家秦古柳所写，碑的上端还刻有交叉放着的一把二胡和一把琵琶。1966年秋，阿炳坟被毁。

1979年5月，无锡市委宣传部要求市博物馆寻找阿炳墓，并计划将墓迁葬到惠山“天下第二泉”附近。为此，无锡市文化局和无锡市博物馆决定由我负责组织调查。

实际在这一年的2月份，我们已经去璨山调查过一次阿炳墓，由于坟墓已经被毁多年，还特地请了当年亲手埋藏阿炳灵柩的严云福一起去找，只是原先的坟墓与附近的环境都改变了，当时已经看不到原墓葬的痕迹。5月份这次重新调查，我们首先利用在1959年为阿炳墓立碑时拍的照片，辨别了坟的方位，再请严云福和当年的看坟人到场，共同认定了墓的位置在现今璨山村旁的柏油公路下。

20 世纪 50 年代阿炳墓碑

1983 年重建的阿炳墓

接下来，我们先查阅了当时的基建地形图，墓址的原高程是海拔 10.3 米，然后再请市城建局测绘组协助实测，测量到现在的高程是海拔 11.73 米，比原地面高出 1.43 米。这表明墓没有被彻底毁掉，还在地下。这样，我们就采取考古发掘的方法，在确定的范围内开了一个 3 米乘 3 米的探方。在挖到距地表 1.25 米深处，发现了两具棺木，棺木厚大，又是夫妇合葬，肯定不是阿炳的葬具。请严云福和看坟人辨别，认出这是贴对阿炳墓南面的赵姓墓葬，阿炳墓和赵姓墓的距离很近，只隔开一道垣墙。根据这个情况，我们又在已挖探方向北 4 米处，再开了一个 2 米乘 2 米的新探方。在挖到距地表 1.2 米深处，发现一具单葬的薄板棺材，棺木已经朽坏，葬向南稍东。我们推定这就是阿炳的葬具，随即将这一发现向上汇报。当天下午，市委宣传部、市文化局、市博物馆以及璨山生产队的有关人士来到现场，根据方位和葬具分析审核，一致确定是阿炳的灵柩无误，于是我们就清理拾骨。

揭开棺盖，尸体已腐，仅存朽骨，骨头也不是太多。随葬品只有一块长方形小玻璃和五枚清代小铜钱。这块小玻璃是汞已氧化掉的小镜子，小铜钱是垫背用的。阿炳遗骨和随葬品，出土后都暂时保存在无锡市博物馆里。

重建的阿炳墓，坐落在无锡惠山“天下第二泉”西面春申涧旁的林荫中，1983 年 10 月 27 日施工，12 月 3

日建成。12 月 15 日，举行了揭幕仪式，由当时的无锡市副市长夏秀英和中国音乐家协会主席吕骥一起揭开了墓碑上的绸幔。

重建的阿炳墓形状像音乐台，有台阶，台背面和两侧翼墙用山石筑壁，金山石铺地。背壁正中嵌金山石墓碑一块，碑上阴刻“民间音乐家华彦钧阿炳之墓”，上款是“一九八三年十月迁建”，下款是“中国音乐研究所、无锡市文学艺术界联合会立，杨荫浏书”。在靠墓碑后背的山坡土中，砌埋一个方形砖圹，圹中安放一只小陶缸，缸内就是阿炳的遗骨。缸上盖有一块方形青石板，青石板上镌刻的文字是：“华彦钧（阿炳）遗骨，一九五〇年葬于璨山，一九七九年五月拾骨，一九八三年十月迁此。无锡市博物馆志。”

现在位于锡惠公园内的阿炳墓，外观看不到墓墩和墓穴，这已经是一座具有园林景点风格的现代形制坟墓。

2008 年 4 月 1 日

我收集过许多阿炳的故事

受访人：朱海容
（1930年出生，吴地民间文学的收集、整理、研究专家）

“熟悉朱海容的人，往往被他老骥伏枥的拼搏精神和硕果累累的惊人成就所震撼。”这是朱海容先生的一位老友对他的总体描述，我以为，所言极是。

我同样很早就熟悉朱海容先生，手头珍藏有数本他赠送给我的有关吴文化的专著。

朱海容和阿炳是同乡，出生于无锡东亭乡下的贫苦农民之家，只读过三年书，从小务农，做过泥水匠，当过南货店学徒。但因为他的父亲是当地著名的“歌头”（擅唱民歌者），耳濡目染，所以民间文学的种子很早就种在了他的心上。朱海容1948年加入中国共产党，新中国成立后历任区委副书记、县党校副校长、县科协秘书长、县文联副主席等职。1989年冬他离休之后，便将全副身心投入到他所热爱的吴歌、吴史、吴俗的收集、整理和研究之中。从在职时的具体工作身份，到如今的研究吴歌、吴地民俗学的知名学者，为着这一身份转变，朱海容付出了常人难以想象的心血和汗水。中国歌谣协会副主席吴超教授由衷赞誉他是“发掘民间文化国宝的功臣”。

朱海容先生离休十五年间，共出版专著十八部。取得的成就主要体现在三个方面：第一，挖掘抢救了消失、消亡的太湖地区长篇吴歌中的“四庭柱”“一正梁”。“四庭柱”即《薛六郎》《小青青》《陈瓦爿》《金不换》，“一正梁”为创世诗《沈七哥》。这“五大长诗”于1992年前全部发表入书。第二，出版了《古吴春秋——无锡民俗文化》上、中、下三册。第三，作为公认的吴歌收集大王，他整理完成了太湖地区长篇吴歌中的“一金梁”——《华抱山》。《华抱山》总共有两万余行，一百一十万字。这是朱老自认为“一生中最艰苦、最浩大、最有价值”的工程，为此酝酿准备了五十年。有专家指出，《华抱山》的出现，修正了学术界长期以来认为的中国汉族没有长篇英雄史诗的观点，充实了世界文学史宝库。中国社会科学院文学研究所2003年编写的《中国民间文学史》，立专章介绍了汉族长篇英雄史诗《华抱山》。

“十几年来，我最深刻的体会是：时间最最宝贵。”每次见到朱老，都被他那种“分秒必争，惜时如金”的精神感染。这次在无锡市槐古二村他的家里，朱老又连连叹道“时间紧啊！”他说，“无锡这块宝地，民间的宝矿、宝石多多。六十年来，我肚里装了许多。新中国成立后，特别是‘文革’后，我一面装一面卸，至今，还有许多压在身上勿卸勿舒服呀！我挖一篇，整理一篇，好似把压在身上的石头搬掉一块。这些年来，我重点‘挖’‘搬’了大宝石《华抱山》《古吴春秋》等，可是还有很多很多须抢挖、抢搬呀，如反映太湖地区稻作文化的长吴歌《田家乐》，反映鱼米之乡的长诗《渔家女》（《鱼媒人》），等等”。

2006年，七十六岁的朱海容先生看起来气色不错，浑身依然干劲十足，家人说他是“从来没有节假日”。他的这种为事业不顾一切的精神，其实也感动了上天，在他身上曾经发生过医学奇迹。

那是在1995年，正当朱老全力以赴紧张整理《华抱山》之时，意外发生了。他的右耳麻木失灵出水了。拖了个把月去医院，医生表示要住院，朱老则坚持绝对不住。经协商决定先检查。先查鼻科，结论：无关联。再查头部，查下来，医生慌了，说要家属来、领导来。朱老听后先“震”了一下，但是很快就冷静下来，觉得这事要果断决定，否则会遗恨终生。于是，他跟主任医生说：家属、领导我不会喊，请你们千万不要惊动，我是病员，也是党员，我应该有知情权，请把片子给我。正好是下班时间，他挡住医生，表示：不给片子，就不要回家。医生被他说服了，给片子时说，明天一定要来医院。医院走廊里这时只剩下朱老一人，在廊灯下，他看到报告上写着：脑右下窝 ×× 有 ××× 一瘤，须住院或转院。朱老表示这时他已经丝毫匆急匆乱。他想，如果是脑子的那种病，下策是：东投，西投，活鱼网投；中策是：就近住院，百事大乱；上策是：保持原状对外封闭，自己看重。他根据自己的年龄、体质、心态，决定采用上策，坚信最好的医生是自己，最好的药物是心态。同时，对自己的作息时间、生活习惯等下决心做了较大调整，决定勿开夜工，决定定时梳头、敲头，决定定时全身按摩，决定学吃自制的中药药酒……五个月下来，奇迹出现了：耳朵不麻，听觉恢复，头昏头痛消失；又过五个月后，老干部局体检，脑部检查时一切都正常了！

现在，朱老每天坚持进行自创的“四结合”锻炼方法，感觉效果非常好。这“四结合”：睡觉结合按摩（头、胸、脚），晚上睡前半小时，早上起床前半小时；起床后上厕所结合梳头、敲头（二十分钟）；吃过早饭买菜时结合散步甩手（半小时）；夜里看电视结合“三穴”（内关、合谷、足三里）搓、拿。

“敢问上天借十岁”，把胸中堆垒的民间文学宝藏多搬点出来，这是朱海容先生目前最为诚挚的心愿。

我和阿炳是同乡，都是无锡东亭人。东亭是有名的“吴歌之乡”“民间文学之乡”。东亭出过有名的“两阿”，一个是阿炳，还有一个是“吴歌王”阿福（钱阿福）。阿炳小时候在东亭生活了七八年时间，后来就跟他的父亲兼师父到了无锡。但是阿炳还是经常回东亭，像清明的时候，或家族中有事的时候。阿炳在东亭有很多亲戚、熟人，都要招呼他；东亭镇上的茶馆有时也请他去。我们村上的老人喜欢到东亭镇上的“日某茶馆”喝茶，阿炳在那里曾经拉过琴。小时候我常跟在阿炳的背后听他的琴声，现在印象很深。

我看见阿炳的时候，他眼睛已经瞎了，面相很瘦，脸上有胡子。阿炳拉琴很生动，用现在的话讲善于跟听众“互动”。

我见过的一次，他开始为吸引听众，在二胡上先拉狗叫。一把简单的琴上，顿时发出了一群狼狗、洋狗、哈巴狗等各种狗连连狂吠、互相追逐、狠命恶斗的声音来。阿炳就问大家，这是什么声音？狗叫！听众大声回答。为什么狗要叫呢？原来是人们半夜逃壮丁引起的，阿炳接着就唱起来：

太阳挂在树梢头，
晚饭不吃心先愁。
半夜里狗叫急煞人，
从猪窠头逃到坟墩头。

除了拉狗叫，我还听过阿炳用琴拉乌鸦叫。同样是用琴先拉出逼真的乌鸦叫吸引听众。为什么乌鸦要叫呢？原来是日本兵来了：

东洋兵，西洋兵，
东放火，西杀人，
南抢金，北抱银，
弄得处处不太平。

现在想起来，“吴歌王”钱阿福和我其实最早都受过阿炳的熏陶。阿炳老家在东亭小泗房巷；钱阿福住在东亭竹园村，和阿炳老家只隔一条河浜；我出生在东亭

无锡东亭阿炳童年居住的房子（2002 年重修）

鸭城桥，离阿炳家也只有三里路。阿炳给我最大的启发：民间文学的内容和形式都应该是群众喜闻乐见的。

我父亲朱阿盘是阿炳同代人，他是农民，但特别喜欢唱山歌，是地方上有名的“歌头”，他的肚子里装满了长长短短各式各样的吴地民歌。我父亲熟悉阿炳。我收集过许多阿炳的故事，基本上都是我父亲讲给我听的。

下面就是我收集的三则阿炳的故事。

削竹为琴

瞎子阿炳原来的名字叫华彦钧，无锡县东亭人，他的师父华清和是无锡城里雷尊殿的老道士。

从前，做道士要善吹能奏各种丝竹乐器。华清和是当时无锡有名的琴师，胡琴、琵琶、弦子样样精熟。小阿炳被收留在他身边当徒弟，从小就天天听着师父操奏各种乐器，而且特别喜欢听各种琴声。只要师父一拉胡琴，他就两只小耳朵竖得直直的，一对明亮亮的大眼睛睁得圆圆的，一响勿响，一动勿动，呆呆地听着琴声，盯着胡琴……有时，师父看他听琴声听得像傻头样，就勿让他听，赶他出门去白相。可是，师父不让听，他就溜到师伯、师叔那里去听。

起初，阿炳对琴声只是喜欢听，慢慢地他有些眼热了，小手也发起痒了。他小脑子里在盘算：胡琴多好听呀，我也来拉拉吧……

阿炳八岁那年，有一回，趁师父出门做道场，就从墙上探把二胡偷偷地拉了起来。可是，胡琴勿听使唤，拉来拉去，不是“雌狗、雌狗”，就是“吱呀、吱呀”。他想，大概是弓弦不紧，于是，就伸手把弦轴用力一旋，不料“啪”的一声，弦断了。正在这时，只听得“吱呀”一声，大门推开，师父回来了。

华清和一看小阿炳在拉琴，顿时火冒三丈。他二话勿说，跑上去就是一记耳光，夺过胡琴，高声怒吼道：“啥人叫你拉格？从今往后不许你胡弄各种乐器……”训得小阿炳眼泪直滴。

当了道士，师父不许徒弟学拉琴，这不是奇怪的事情吗？勿奇怪，因为这个师父是“特别师父”。啥叫“特别师父”呢？原来，那辰光雷尊殿里的道士不能讨老婆，阿炳是清和道士的私生子。由于勿能公开，只能师徒相称。这件事在清和心里一直很难过，他不愿阿炳做道士，因此，也就不愿让他学习各种琴艺了。

小阿炳不是华清和肚里的蛔虫，勿晓得师父格心思，所以肚里蛮有气。他想：你怕我弄坏你格胡琴，那么，我就自家做。于是，他今天弄竹头，明朝弄蛇皮，花了足足两个月工夫，偷偷地做成了一把小胡琴。从此，他就用这把小胡琴学着拉。

华清和一怒之下打了儿子，见儿子哭了，心里像被尖刀插一样。他后悔了，叹了口气，自言自语道：“他又没有娘，很可怜呀，我怎么能打他呢？……”

可是不多久，华清和看见小阿炳自家做了把小胡琴，又在“雌狗、雌狗”地拉个勿停，心里又恼火了。他想：你这小冤家呀，为啥老是要拉这个讨饭胡琴呢？难道你一定要走我走过格路吗？勿行，勿能让他再走这条路……华清和想到这里再也耐不住啦，突然冲到阿炳面前，一把抓住小胡琴。

这时候，小阿炳正在全神贯注地拉着从师伯那里学来的“工尺”，忽然看见师父冲来夺琴，他不管三七二十一地两手紧紧抱住胡琴，死命勿放，懔懔惊惊地说：“师父，我格好师父，你打我吧。”

小阿炳见师父勿响，又说：“你打我吧，可求求你，小胡琴勿要拿去，勿要弄坏。”

师父无可奈何地问：“你要小胡琴做啥？”

小阿炳毫不含糊地回答：“我要学拉胡琴呀，我要跟好师父学哪。”

师父痛苦地说：“学会胡琴、乐器，要做道士格，你要……”

阿炳勿等师父说完，接着说：“我一定学好胡琴，做个像师父那样格好道士。”

小阿炳哭着说，泪水像雨点似的落在胡琴上，把一把小胡琴几乎落潮了。

华清和听着小阿炳的苦苦哀求，看着他那副固执相，终于被感动了。他放下小胡琴，叹了口气，说道：“小冤家呀，你还是要走我这条路啊，要练就得练好呀！”

小阿炳看见师父放下胡琴，又听见师父叫他练好，心里那个快活相也无法形容了。他抱着胡琴，“扑通”一声跪在师父面前，连连叩拜，连连说：“谢谢师父，谢谢好师父。”从此，阿炳就成了雷尊殿里名副其实的小道士了。

刻苦练琴

阿炳在华清和的严格教养指点下，十五岁辰光，各种乐器包括琴、瑟、琵琶、鼓、锣、笛，都能操奏了，特别是胡琴，已弓法纯熟、严丝合缝。可是，他并不满足，牢牢记住师父常对他说的两句话：“会拉能奏一夜天，技精艺绝几十年。”

为了使琴艺精益求精，阿炳还拜民间琴手为师，坚持苦学勤练，做到“夏练三伏，冬练三九”。夏天，他勿怕炎热，哪怕热到透不过气来，还是坚持练琴。他说：“曲不离口，琴不离手。”有时两手操琴时，满头大汗像颗颗珍珠往下掉，他也从不停手揩汗。师父看着心疼，常常用干毛巾帮他揩。但阿炳是个懂事识礼的小伙子，见师父帮他揩汗，很过意不去，便把拉琴的地方选在树旁或墙边。他在树上或墙上挂块毛巾，当拉琴时头上汗珠多了，就把头靠上毛巾按按，头上的汗水就这样被揩去了，而胡琴却照样拉着。

夜里练琴，阿炳也从不间断。可是蚊子却常来捣蛋。有时，他拉琴时，两只脚被蚊子叮满了，自己却一点也不晓得。师父见了又感动，又心疼，常常用蒲扇帮他赶蚊子。阿炳又不忍心师父的操劳，他苦思冥想有了一个办法：在拉琴前准备两只灌满了水的大水桶，拉琴时，把两只脚浸在水桶里，蚊子就叮不着了。

冬天，他勿怕严寒，哪怕是千里冰封，还是天天坚持室外练琴。为了苦练硬功夫，搬张木凳坐在冰冷的雪地上。手冻僵了，麻木得不能伸屈，怎么办？他咬紧牙关，索性把手浸在冷水里，虽一时疼痛难熬，但浸过冷水的手，血液流畅，手指倒慢慢活络了。手指一活络，就用力拉起来，直拉到满头大汗脱下棉衣为止。

就这样日夜苦练，寒暑不分，天长日久，他左手按弦的五个手指竟磨出了一条血印，逐渐成了厚厚的一层老茧。

阿炳不但坚持苦练琴艺，而且还苦练其他乐器。他练敲鼓时，把棉花浸水后铺在方砖上，用一双铁筷敲着，先把棉花敲去水分，再把棉花敲平，最后把棉花敲碎，直敲到棉花一丝丝漫天飞舞为止。他练吹笛时，吃的苦头更多了。初学时，他上气不接下气，就拼命屏着气吹，可是还因气短吹不长、吹不好，怎么办呢？他听说扎在河里洗闷水浴可以练屏气。但是河浴也勿会洗（游），怎么能扎在水里练呢？于是他下定决心偷偷地学洗河浴，接着就扎在河水里练屏气。果然，屏气练出来了，一口气吹得比以前长多了，但是和师父比起来，还差得远呢。师父说，在河里练屏气当然好，但更需要在风口上练转气。阿炳听师父的话，每天一早站在高墩迎着凛冽的西北风吹笛，风吹进鼻子，嘴把吸进的风（气）吹进笛子。就这样，阿炳终于苦练出自动转气、换气的本领，掌握住音量的运用了。听过他笛声的人都说：阿炳吹的笛，音量大，传音远，真正达到了“甜、圆、玉、润”的要求。

由于阿炳苦学勤练，二十多岁辰光，他对胡琴等各种乐器格功夫，已经远远超过了他格师父和全殿所有的师伯、师叔以及师兄、师弟。那时，无锡有好些人家做道场，总要请到他。

松月藏琴

一个人没有比失去眼睛更痛苦的了，特别是在开头格辰光。可是，阿炳是个坚强的人，他等病体稍有好转，就身背褡裢，肩挎二胡，手握竹竿，走上了街头。

阿炳用竹竿在地上探一下，移一步。可是那时“地无三尺平”，他经常走三步，跌一跤，有时陷在路旁的泥潭里，有时撞在墙头上，碰得头破血流。但是不管怎样，即使头撞坏，皮扯碎，他的“叫花胡琴”却从没有摔碎过。

无锡惠山古银杏下面有块听松石。过去，听松石一带是一片挺拔茂密的松林。阿炳平生喜欢松树，喜欢听松涛的声音。他常说“山上青松不怕霜，河里白鱼勿怕浪”。因此，听松石一带，阿炳是个常客，他常坐在听松石上照着松涛练琴。

有一年秋天，阿炳又坐在听松石上，忽然刮来一阵秋风。哗哗的松涛声，沙沙的落叶声，像呼啸的海浪。阿炳的眼睛虽然瞎了，两只耳朵却能细细地分辨这些声音，只觉得心潮滚滚……他拿出二胡，挥动双臂，顿时松涛引出琴声，好像是在哭诉他们父子的命运；琴声助起松涛，是他在狂风恶浪中挣扎。前浪阻后浪，后浪追前浪，他一时走投无路，一时又绝处逢生……此时惠山脚下的松涛，犹如千军万马在战场上来回冲杀。就是这一次，一支名曲《听松》在阿炳手下诞生了。

阿炳四十多岁时，大家说他脾气变得古怪。说古怪，是有点古怪，人们常常看到他在月夜来到惠山脚下徘徊拉琴。

有一天夜里，瞎子阿炳又在惠山脚下来回走着，他两眼是漆黑的，一步一步摸着山路，回忆着惠山一带美丽可爱的景色。想着走着，勿知勿觉下起毛毛雨来。俗话说，“落雨不走高墩”，可是瞎子阿炳格辰光偏偏走上了一个小高墩。一滑，他跌了下来，跌得脚拐手痛，爬勿起来了。正当阿炳无法可想时，前面走来一个女人，她看见一个人在地上挣扎，走上前一看，失声叫道：“哎呀，原来是阿炳，你怎么在这里？”说着，一把扶起阿炳。阿炳觉得奇怪，忙问：“你是啥人？怎么……”那女人说：“我叫董彩娣，丈夫死掉后到无锡帮人，老板说我是‘扫帚星’，我一气，就深夜走出来了……”阿炳又问道：“那么，你怎么认得我？”那女人微微一笑说：“夜晚黄昏常常听到你的琴声，我几次想死，可听到你的琴声就不想死了，我勿但认得你，还听过你的新闻呢！”人生难得遇知音，就从这一次开始，阿炳总算找到一个相依为命的伴侣。

一年后的一天夜里，正巧是农历八月十五中秋节，瞎子阿炳带着二胡来到惠山脚下一带。他在老相好董彩娣的搀扶下，东走走，西听听，惠山“九龙十八泉”几乎都走遍了。最后，他们来到“天下第二泉”，在下面龙头池的石栏上坐了下来。

这时，泉水潺潺地流向龙头池，秋风飒飒，把枯叶吹落地面、吹到池里。阿炳抬头望望天空，什么也看不见，问董彩娣：

“天上亮月亮勿亮？”

“亮，又圆又亮。”

“天空阿有乌云？”

“有，乌云在追着彩云，彩云围着月亮……”

阿炳仿佛看见一轮圆月映在泉水中，明晃晃的月亮照亮“二泉”，照亮大地，照亮了他的心窝。

正在这时，一阵秋风吹来，池旁一棵古树的一根枯枝忽然掉入池中。“扑通”一声，把阿炳从遐想中惊醒。他既愤恨又惋惜地高声连叹：“圆月打碎啦，圆月打碎啦。”说着，他连忙解开褡裢，拿出二胡，用尽全神拉着，拉着……

就这样，一曲充满激昂、悲壮、忧伤、希望的名曲——后来命名为《二泉映月》的曲子诞生了。

《二泉映月》和《听松》，是瞎子阿炳最喜欢拉格曲子，也是男女老少最爱听格两首名曲。传说，瞎子阿炳的胡琴里藏着“松、月”——“松月藏琴”或“琴有松月”，也就变成太湖无锡一带赞美阿炳琴艺高超的两句老话和广为流传的民间故事了。

2006 年 9 月 1 日

阿炳停当我们唱，我们停当阿炳唱

受访人：尤茂盛
周仁娣
（均为1930年出生，无锡第二代“小热昏”艺人）

2008年虚岁七十九岁的尤茂盛、周仁娣夫妇看上去精神矍铄，身体很好。尤茂盛艺名筱小林，周仁娣艺名小仁娣，算起来，他们是无锡第二代“小热昏”艺人。

讲到“小热昏”，我不禁联想起小时候在宜兴老家听人说唱买梨膏糖吃的情形。何为江南的“小热昏”？有关资料上这样说明：“流行于江南的曲艺，又称‘小锣书’，据说是清朝末年杜宝林所发明。杜宝林以‘说朝报’形式说唱时事新闻和笑话故事，讽刺当时的社会黑暗，因如‘热昏瞎话’，所以称小热昏。常用曲调有‘锣先锋’‘三巧赋’‘东乡调’等，常用乐器有小锣、三巧板。20世纪20年代以后，一部分小热昏艺人进入上海后吸收了相声、隔壁戏的艺术成分形成独角戏。一部分艺人仍坚持原来的风格，在农村集镇与中小城市演出。也有一些艺人受商店老板雇佣，以唱小热昏来推销商品。由于小热昏富有滑稽味道，获得了下层人民的喜爱。”（《江南风俗志》，南海出版公司2002年10月出版）

无锡唱小热昏的第一人是周福林（艺名筱福林），正是由于他，小热昏才于民国十三年（1924年）从上海传入无锡。周仁娣和尤茂盛就是周福林的女儿、女婿。

据尤、周夫妇介绍，唱小热昏总和卖梨膏糖连在一起。做梨膏糖有祖传的秘方，糖分两种：其一是能够治疗咳嗽、气喘的，其二是给小孩子当糖果解馋的。卖梨膏糖分文卖、武卖两种。文卖有固定地方设摊、设铺，现做现卖，用钢锉在摊铺面前磨药草熬糖时，唱“药性赋”介绍各种药草，以招徕顾客买糖；武卖则身背糖箱，在城乡流动，夜里做糖，日里说唱卖糖。按照卖梨膏糖的规矩，武卖的可以文卖，文卖的必须拜师入门后方可武卖，否则会给同行砸场子。

周仁娣七岁就跟父亲搭档学唱小热昏卖梨膏糖，尤茂盛则是在十四岁拜师学艺的。当年他们走遍江南乡镇，住小栈房，没有交通工具，就靠两只脚走，吃尽苦头。新中国成立以后，1958 年地方商业局安排艺人转至商店、工厂从业。尤茂盛就是 1958 年进农具厂的，困难时期又出来卖糖，1984 年于无锡炼油厂退休。周仁娣也是 1958 年参加工作的，曾在茶食店、百货店做过短暂时间，后来又出来卖糖。其间他们曾在苏北大丰农村下放十年。

尤茂盛、周仁娣夫妇现在自觉过得十分幸福，目前已经有了第四代的重孙。两位老艺人仍以自己的老本行，为社会发挥余热。除了下雨下雪，他们几乎每天在无锡的锡惠公园内摆固定场子，义务唱小热昏，不收分文，内容主要是宣传交通法规、禁毒知识等，围观听唱的一般有二三百人。此一举动，尤、周夫妇已经坚持了十多年。

以下回忆阿炳的内容，主要以周仁娣讲述为主。

我七岁就跟父亲学唱小热昏。我父亲叫周福林，艺名是筱福林，如果活到今年（2008 年）有一百零五岁了。他和阿炳可以算是弟兄，都是街头艺人，当年都是无锡的“八怪”之一。“八怪”我记不全了，印象中有阿凤、卖五香豆的憨头、卖皇历的，还有我父亲即卖梨膏糖的筱福林和瞎子阿炳。我父亲比阿炳小，所以我喊阿炳老伯伯，他蛮欢喜我，总要回我一声毛丫头！当年阿炳和

崇安寺（当年阿炳卖唱地段）

我父亲基本上每天下午都在崇安寺摆场子，经常是阿炳停当我们唱，我们停当阿炳唱。一个下午都要唱到两场。

我最早看见阿炳的辰光他的眼睛就已瞎了。阿炳上午一般在升泉楼吃茶，升泉楼就在老底子的“王兴记”过来点，在崇安寺，靠皇亭小吃摊。茶馆在楼上，楼下是浴室。阿炳说唱的内容，大部分就是在吃茶时得到的。因为在茶馆店里，只要外头发生了什么稀奇事情，大家都会说起。往往有的茶客一看到阿炳就会主动说，阿炳，今天哪里哪里发生了一桩事体，你夜里倒好唱的。阿炳听了，觉着这件事体确实稀奇，就会记住，并且编成自己的顺口溜。除了茶客间的谈话，阿炳还在吃茶时听人读讲报纸上登的新闻，这也是他说唱的一个内容。

基本是每天下午，阿炳就在崇安寺大自鸣钟下摆场子。阿炳个头比我父亲矮一点，一米七几。他头戴礼帽，身上是长衫。一条小辫子盘在头顶，塞在帽子里，每当阿炳唱完一段，脱下帽子讨铜钿时，小辫子就会散开来。阿炳说唱之前先拉琴、弹琵琶。阿炳的胡琴、弦子、琵琶都好到不得了，他不光会在前面拉琴，还会在背后拉。正式说唱前，阿炳总会稍微侧着头这样说：“先生、老板，大家帮帮阿炳的忙，让瞎子阿炳弄碗阳春面吃吃。我来唱，来拉，等歇我老太婆出来拼两个，有铜钿呒不铜钿都不碍格……”阿炳身边的那个女人叫什么名字我不记得了，但是我记得她是常熟口气，块头大，个子比阿炳高，特别是她的头发，又蓬松又乱，在脑后盘了一个很大很高的髻。

阿炳说唱时和我们唱小热昏一样，手里拿长短不一样的三块竹板，说的内容全部是发生的新闻，哪里杀人了，哪里有人轧姘头了，我们唱的东西他没有。阿炳开头总是这样唱：“说起新闻，话起奇闻，奇闻要唱，啥个正经……”“正经”就是指什么事情。阿炳唱过的“陆金坤打杀杨高伯”，我父亲也唱过，陆金坤是无锡长安桥游击队的，杨高伯是县长。我父亲摆的小热昏摊和阿炳的场子离得近，彼此的敲锣拉琴声都听得见，所以往往是阿炳停当我们唱，我们停当阿炳唱。阿炳唱一场也要个把钟头。看见阿炳经过，我总要大声喊他老伯伯。阿炳也蛮欢喜我，总会回一声毛丫头，还要摸摸我的头。

阿炳下午唱完两场就回家吃夜饭，夜里是走栈房做生意。栈房就是旅馆，他大小栈房都走。当年栈房的格局有点像回字形的楼，阿炳走进去拉琴招生意。听到胡琴声，就知道阿炳来做生意了，有人就会喊，来，阿炳来拉一个，或者是，来，阿炳来唱一个。阿炳随身带一个折子，上头写着各种曲目，可以供栈房里的客人点。

阿炳夜饭后从屋里出发，一般是经盛巷里，出光复门，过光复桥、光复路，到汉昌路、“马路上”一带卖唱。

汉昌路那边的天一池浴室对面，妓院多，是“野鸡”集中的地方，阿炳常到那里卖唱。“马路上”就是指今天的通运路上原来的第二百货商店和中国饭店一带，旧社会这里是最闹猛的地方。过去这里有京沪饭店、四时兴饭店、泰山戏馆、中央戏院等热闹场所，阿炳也常去附近通惠桥边上的东方花园饭店拉琴卖唱。除了“马路上”，北塘的运河边也是阿炳常去的地方，过去这里有很多米行、油行、山货行，还有桃枣沿河、麻饼沿河等专门码头，老板多，生意好做。

有一段事体倒还是有的，就是东洋人城门关了，阿炳不好进城，东洋人帮他开门。这是他自己讲的：有一次出去晚了，做好生意转去，城门已经关起来了。呒不办法，只好立在城门底下拉琴，想不到，“东洋赤佬”倒也来开我的门！

阿炳最大的嗜好就是吃鸦片，他的鸦片念头重到不得了。按照实际讲，卖唱一天的收入，基本上比店里的职员要多赚点，如果不吃鸦片，正常生活还是可以的。但是阿炳凑到的铜钿都被他吃光了，所以一般社会上的人评价他是“弄不好了”。我到过阿炳的屋里，一塌糊涂，钻不进的，就像是“叫花子窠”一样的。

阿炳一开始吃的不是鸦片，而是“红籽籽”。鸦片又叫“福寿膏”，是黑的；“红籽籽”是红的，一粒粒的。“红籽籽”可能比鸦片便宜，一粒“红籽籽”有手指甲大，我在阿炳屋里看到他吃过。他有专门的烟枪，“红籽籽”烧融之后就放在烟枪上，香气很浓的。

阿炳的事情无锡城里年纪大一辈的人都晓得。我以前看过一部拍瞎子阿炳的电影，群众反应大到不得了，主要是说这部电影不现实，像我们这种晓得阿炳事情的人，看上去就没有意思了，觉得假。不过反过来说，可能电影都要有点虚构吧。

阿炳生活苦是苦，但是他从来不去问人家讨饭吃，只凑铜钿。有时候正好碰上了熟悉的朋友——阿炳也是有很多朋友的，人家主动说，阿炳啊，就在这里吃碗饭吧，他才吃。我看到有报上说阿炳讨饭吃，这是太侮辱他了。

2008 年 5 月 17 日

最难忘记的是阿炳击鼓

受访人：尤武忠
（1932年出生，法名罗纬，无锡市道教协会副会长）

在无锡南门外的水仙道院能够采访到尤武忠道长，全靠无锡道协褚洪深先生的热心介绍和联系。尤道长平时住在无锡东南靠近太湖的新安乡下，偶尔才上城一趟。水仙道院就在穿无锡城而过的京杭大运河岸边，不远处就是横跨在狭窄的城中运河之上、依然结实坚固的明代石桥清名桥。进水仙道院（无锡市道教协会就设在此院中），我先找到褚洪深先生的办公室。长髯飘拂的褚先生

无锡水仙道院

告诉我，尤道长正在做法事，让我稍坐片刻。在褚先生摊满辞典书籍又暗旧局促的办公室内，令我印象深刻的是墙上一幅巨大的钟馗符箓，用狂草笔意写出，恣肆豪放，钟馗形象介于抽象与具象之间，边侧骨力内蕴的正楷落款，让我看出这是尤武忠道长的手笔，是某年除夕写赠给褚先生的。原来这位道长还有此等书法修养，我不由得暗中心生敬佩。

坐聊了一会儿，褚先生领我去找尤道长。老远就听到声声鼓乐从水仙道院大罗宝殿内传出，看来法事仍在进行。进得殿中，立即感受到强烈的道教气息。大罗宝殿内供奉着手执宝扇的元始天尊、身穿金黄八卦衣的灵宝天尊和头戴九雷冠的道德天尊，一幅幅长长的莲幡从殿顶悬挂下来，两支巨大的铜质烛架上，通电的红烛长明。殿堂中间，一位头戴玄黑莲花冠、身穿绣有金龙的五彩法衣的老道长，脸容清癯，身形极高（细看才发现他穿了底部很厚的粉底皂靴），正手持宝剑，在周围黑衣小道士的乐声中，全身心沉浸在他所进行的仪式之中。褚先生告诉我，他就是尤武忠道长。我在一旁静待。法事做好，尤道长脱去法衣，摘下莲花冠，改戴普通的玄黑平顶的“进巾”，再换上居家的棉鞋，就在殿内站着吃了一碗有人端上来的红糖米粉小圆子。之后，领我到了殿旁的一处小房间，开始了我们有关阿炳主题的访谈。谈话开始，他从口袋里摸出一盒“紫南京”香烟，抽出一支吸了起来。

民国三十五年（1946年），我十五岁时从新安乡下进无锡城里的洞虚宫，拜火神殿住持华伯阳先生为师。阿炳当年五十四岁，他是火神殿东面雷尊殿的当家道士（当时洞虚宫设道院五所，即灵官殿、火神殿、雷尊殿、长生殿、祖师殿——笔者注）。阿炳叫华彦钧，华伯阳据说是阿炳的堂兄。不过他们关系不是太好。我称阿炳为“华先生”，因为无锡习俗对道士的尊称不是道长，而是先生。我和阿炳在一起的时间总共有四年多。

我入道门是有家传。我祖父、父亲都是道士。我七岁就开始学习做经忏，但是决定吃道士这碗饭是在十五岁。在此之前，父亲一直让我读《论语》《孟子》《古文观止》这些古书，希望我能读书出头。在新安乡下我就知道阿炳，人人都晓得瞎子阿炳是无锡城里的“小天师”，丝竹好得不得了。

我父亲尤墨坪很早就在火神殿里任客师，可以说是火神殿的“二当家”。但日本人来了以后就回了新安老家，不来无锡了。为啥？有一次父亲进城时没有脱帽敬礼，被日本鬼子罚跪在城门口，在雨里整整跪了两个时辰。

我十五岁那年，父亲因为要在新安做一个大忏，就到城里火神殿拿了一些法器。大忏做完以后，要把东西送还火神殿，因为父亲一人拿不了，就叫我帮着送上来。这是我第一次上无锡城。在火神殿，华伯阳道长对我父亲说，墨坪，你倔子（无锡方言，指儿子）阿要吃这碗饭？要吃，现在就要留下来了。我父亲生有三个孩子，我是老大。当时农村人的生路，除了种田，就是学手艺。手艺一般有泥水匠、木匠、裁缝、剃头匠四种，而我们家传的是做道士。当时，父亲就决定把我留下来。因为我从小学做经忏，所以留下来后，有法事就能帮着做做了。

我父亲和阿炳很要好，有空有兴致的时候，两人就合奏《三六》。《三六》又叫《三落》《梅花三弄》，父亲操琵琶，阿炳拉二胡，两人就喜欢这一首，不弹其他。

阿炳三十六岁时就双目失明了。我到火神殿不久，有一次跟在父亲身旁，阿炳的耳朵特别灵敏，听到我讲话，就问父亲，墨坪，你收了个小徒弟？父亲回答，不是徒弟，是我倔子。从此，阿炳只要听到我的声音，就会“小墨子”“小墨子”地叫我，因为我是尤墨坪的儿子。

阿炳中等个子，四方脸，长得蛮胖，有福相，他的两只“妈妈”（无锡方言，指乳房）特别大。阿炳还留胡须，戴一副圆形墨镜。如果摘下墨镜，有一只眼珠突出来，全是眼白，蛮吓人的。

阿炳最欢喜吃茶、吃酒、吃鸦片。有一块吃一块，有十块吃十块，反正有钱就吃光。茶都是吃红茶，没有人吃现在流行的绿茶。做道士的都欢喜吃酒，当然是白酒，黄酒不吃。阿炳的酒量很大，一斤白酒下去都没有问题。他听到我的声音总要叫我，“小墨子”，来，帮我挎酒去！叫我帮他挎酒，一般又不给酒钱，但我还是去挎，因为他是长辈。到后来就尽量悄悄地避开他。

阿炳的钱都是吃鸦片吃掉的，跟他在一起的那个女的董彩娣，又矮又瘦，也吃鸦片。照道理，每年农历六月二十四无锡城里烧“雷尊香”，一季香汛的收入如果正常开支，可以应付两年生活，但都被他一下子就吃光了。

阿炳住在雷尊殿东南角的一间破阁里，每天爬一架矮梯上去睡觉，矮梯七八级样子，缠了布条。屋里没有什么东西，烧饭都用行灶。啥叫行灶？就是用一只小缸，敲一个塞柴的洞，上面再放一口锅。

阿炳早上起来有时早有时晚，如果前一天夜里回家迟了，也会睡到吃中饭辰光。早饭吃不吃无所谓，起来后就吃茶、吃鸦片。

阿炳上午一般在家。每天总要叫我，“小墨子”，报纸来了没有？帮我念！如果我没有出去，就帮他念报纸。念无锡的《人报》和《新锡日报》上的新闻。我念报纸的时候阿炳一声不响，实际上他脑筋在动，有他认为精彩的内容他就在肚皮里改成自己的话，等出去时说新闻。

中饭后阿炳要睡午觉。

下午阿炳也不出去，他“做生意”总要在吃过晚饭后。某一天阿炳出不出去，不要问他，只要听他在屋里弹什么曲子就知道了：如果是弹《龙船》《昭君出塞》这些琵琶曲，他肯定不出门；如果是拉后来叫《二泉映月》的那首曲子，那他一会儿就要出门去“做生意”了。

阿炳出门时穿青布长衫，一肩背了琵琶，一肩背了二胡；董彩娣走在前面，阿炳的一只手搭在她的肩上。

大家都晓得阿炳精于二胡、琵琶，这个不去说它，我最难忘记的是阿炳击鼓。

那是民国三十六年（1947 年）夏天，无锡的一个民间组织出资，邀请有名气的无锡道士，在雷尊殿举办三天“罗天大醮”。那次真正是盛况空前，可以说是集合了无锡道教乐坛的名家高手。有一天晚饭前的空隙，有人对阿炳起哄：阿炳，我们一起来一个？来啥？阿炳积极响应挑战。《十番锣鼓十八拍》，你司鼓！大家都知道阿炳二胡、琵琶厉害，而这次要他司鼓，是故意掂掂他的斤量，想要阿炳出洋相。来就来！说完，阿炳健步走向司鼓席——在雷尊殿内阿炳用不着他人搀扶引导。道教乐队的司鼓通常是乐队指挥，这次演奏，更要兼击五种乐器——鼓、板鼓、磬、木鱼和小镗锣，一般明眼人都有顾此失彼之虑，双目失明的阿炳会不会胜任，自然引起围观者的极大关注。

司鼓席上，阿炳神情镇定，姿势好得不得了。他伸出双手逐一摸定五种乐器方位，一个手势，槌落鼓鸣，道乐《十番锣鼓十八拍》奏响了。在点点鼓声导引之下，琴瑟琵琶、笛箫唢呐有条不紊地融入合奏的旋律。阿炳那优美的击鼓身姿，那明快强烈的节奏，令大家倾倒。没有误打，没有漏击，阿炳潇洒自如的神情，淋漓尽致的发挥，使观众忘记了他是位盲人。一曲终了，雷尊殿内爆发出雷鸣般的鼓掌喝彩声。大家都对阿炳的功夫啧啧称赞，表达佩服之情，阿炳自己也陶醉在鼓乐的余韵之中。

阿炳身体呒啥病，胃口大，一只蹄髈一个人一搭头。新中国成立之后，阿炳没有鸦片吃了，身体一点点萎下去。烟瘾发作的辰光，我亲眼看见他眼泪鼻涕答答滴，鸦片烟枪里的灰都被吃得干干净净。

阿炳是 1950 年 12 月 4 日（农历十月二十五）走的。我帮他做的“五七”（丧俗，旧时人死后每隔七日祭奠一次。“五七”是人死后第五个七天的祭奠仪式——笔者注）。人家告诉我，阿炳走的时候头顶道髻，仍然是一派道家仪容。

2006 年 4 月 19 日

第一次看见公公，有点吓

受访人：钟球娣
（1944年出生，阿炳和董彩娣抚养过的孙女）

寻访到钟球娣女士应该说是不大容易。阿炳和董彩娣有这么一个孙女，我最早是在无锡市公安局有关阿炳的档案上发现的。在民国三十六年（1947年）五月的“伪无锡县户籍登记簿”（档案编号：0200-SW2-4.1-0018）上，明确写有“户长：华阿炳；妻：董氏；孙女：求娣”。另外，在民国三十八年（1949年）八月，有“华阿炳申请将其孙女求娣迁入其户的申请书”（档案编号：0200-

SW2–4.1–0019）。在1950年的“著名音乐艺人华阿炳的户口底册”（档案编号：0200–SW2–4.1–0017）上，有更详细的“球娣”信息，“性别：女；岁数：7岁；出生年月日：1944年1月15日；户口迁出无锡，迁回江阴北澛的时间：1951年4月1日”。

虽然得此线索，但半个多世纪过去，真要找球娣其人，一时很是茫然。也许是上天不负有心人，在本书的采访写作过程中，非常巧地获知了球娣的大概情况——她现住上海，并且得到了一个不知门牌号的模糊地址。抱着试试看的心情，我写了一封信寄往上海，信中附了一张有联系电话的名片。过了大约两个星期，一天中午，我的手机响了，显示的是上海号码，一个响亮有力的女声在跟我说话。她说：“我就是钟球娣。”多么令人兴奋！

原来，钟女士早已搬离原来的住处，幸好原来的家现在她儿子住着。儿子收到我的信后（模糊的地址竟然也能收到，谢谢！），转给了他的母亲。所以，我们终于联系上了！

钟球娣女士目前住在奉贤区西渡镇，离上海市中心相当远。不过交通还是很方便。那天一早，我从无锡乘动车，只一小时就到上海火车站。在上海站随即乘地铁一号线到终点站莘庄，出地铁，换乘公交车，途中过奉浦大桥，约半小时后，即抵西渡。

钟女士家在六楼，所在小区环境和绿化都不错。“十年前买这里的房子时是一千多一个平方米，现在已经涨到七千多了！”她介绍。

钟球娣女士自诉小时候很苦，没有读过书。阿炳和董彩娣先后辞世后，她又回到江阴乡下老家。在十二岁那年的大年夜，她被送给了上海一户姓宋的人家。自此便在上海落脚扎根。1960年虚岁十七岁参加工作，1961年虚岁十八岁结婚。老伴是上海本地人，他们生有两儿一女三个孩子。

2008年已过六旬的钟女士略微发福，但看上去非常健康，说话中气十足。钟女士和老伴都爱好自行车运动，都是“上海奉贤西渡骑游队”的成员，她曾骑自行车到过北京、南京、宁波、扬州、湖州等地，非常厉害。

“有一次骑车到无锡，我还把车队的所有人都带到公公（无锡地方称呼爷爷为公公）的坟上去看了看。”她说。

我姓钟，身份证上的名字是“钟球娣”，地球的“球”。

我的亲公公死得很早，他叫钟什么我记不清了。我的亲娘（无锡地方称呼奶奶为亲娘）是董彩娣，她一共生了五个孩子，两个儿子，三个女儿。我父亲叫钟伯生，在五个孩子中排行老三；我母亲叫缪爱妹。

我父母也生了五个孩子，大姐现在在张家港，我是老二，三弟弟已经去世，四妹妹也在上海，只有五弟弟仍在江阴老家。

我父亲1961年去世，我母亲2003年去世。

我是1944年5月4日出生的，是阳历。可能在我出生前，我亲娘董彩娣就到无锡去了。当年我父亲在江阴北澛到无锡的轮船上当船工，所以从乡下老家到无锡之间来往很方便。大概在我四岁的时候，我记得我已经懂事、会走路了，我父亲把我送到了无锡亲娘公公那里，说公公是瞎子，我可以给公公当眼睛，搀搀公公。

我喊阿炳公公。我第一次看见公公，有点吓。因为公公阿炳不像一般的瞎子，他的眼乌珠特别眍进去，两只眼窝像两个洞。他戴墨镜，一只镜脚坏了，是用绳代替的，所以眼镜看上去一边高一边低。公公个子蛮高的，用现在的说法有一米七几。他有小辫子，再盘起来结在头顶。

当时我们住的房子很小，最多只有十几个平方米。我们睡觉是在阁楼上。房子的后门出去就是道观，平时总有人在那烧香、拜菩萨，很热闹。我总是在道观里玩，我也很聪明，锡箔、纸锭都会折。有一次我正在道观里玩，忽然有人说我妈妈从江阴来看我了，我很开心、很激动，连忙从道观里奔出来。奔跑时，不小心将一只铁箍套在了脚上，结果摔了一大跤，额头上破了一个大口，你看，现在伤疤的影子还看得出。

整修前的阿炳故居

公公亲娘都喜欢喝酒，每天都喝。

他们还习惯睡午觉。公公睡午觉时，总喜欢把脚伸着，让我给他搓脚丫，杀痒。

公公亲娘睡午觉，我不要睡。他们就叫我端张小凳子坐在门口，说是帮他们看门。我当然坐不住，等他们睡着了，就到处乱跑。附近有一个戏馆，我很想进去看戏，看门人却不让进。我站在戏馆旁边发现，只要有大人带，小孩就可以进去。于是，当看到有两个大人进戏馆看戏时，我就偷偷地跟在他们身后，并且用一只手轻轻拉牢其中一人的衣角——当然，拉是不敢用力的，这是为了不让被拉衣角的大人发现。这个办法真的很灵，我进戏馆了。戏真好看啊，从此，我就天天用这种办法混进戏馆去看。有时候公公亲娘午觉醒过来，发现我不见了，很着急。我看戏回来后，也不对他们说实话。有一次，公公亲娘午觉时假装睡着，等我溜出去时，亲娘就跟踪我。我在戏馆里正看得起劲的时候，亲娘来了。她拎了我的耳朵，拿我一顿好打。我很生气，也很委屈，结果就自己跑上轮船，回了北漍。为什么我这么小又没有钱却能自己上轮船？因为父亲在船上工作，轮船上的人都认识我，“这是钟伯生的女儿”，所以会同意我搭船。回到家后，父亲母亲很惊讶，连忙问怎么了。我就说，亲娘打我，我不去无锡了！为这事，亲娘气得生了病。后来还是父亲再把我送回了无锡。

公公出去拉琴卖唱的时候，总是由我搀着带路。我拉好他的衣服，他一边走一边拉。公公经常在公园、茶馆和广场上卖唱。表演完一段我就倒拿着公公的帽子，向周围看的人收钱。每次拉完琴回家，公公总要买点熟菜带回去，是那种红颜色的猪头肉，很香。公公一只手拄根竹棒，一只手捧着买好的猪头肉。肉很香啊，我馋了，就偷偷地拈着吃，反正公公的眼睛看不见。我那时很调皮，这样一路上偷吃着回到家，公公一点也没发觉。有一次亲娘看到带回家的猪头肉很少，就问公公买了多少钱熟菜。公公回答买了多少多少钱，亲娘一听就觉得不对，肯定是被这个小丫头偷吃了！亲娘就问我，我还不承认，亲娘就说，你不要不承认，我看看你的嘴就知道你偷吃了！

住在无锡的时候，我见亲娘怕，因为亲娘会打人。我见公公不怕，虽然公公发脾气辰光，也会举起竹棒来打我，但是他眼睛瞎，总归打不到我，我反而逃来逃去逗他。他打不到我，嘴里就要骂人。

公公摸过我的面孔，觉得我长得还端正，就曾经跟我妈提过，让球娣学学弹琵琶吧，将来可以再到苏州学唱评弹。我妈妈坚决不同意，因为当年吃“开口饭”是被人家看不起的。我妈妈甚至对我说，以后如果看到你碰这些东西，就把你的手砍掉！听到这些，公公也就算了。

后来公公生病了，不拉琴了，二胡也扔掉了。中央有人来给公公录音，就从旁边店里买了把二胡。录完之后放给我公公听，他高兴得跳起来！我的声音怎么在里面？这个东西里面有仙气啊？！公公还说，早知道我的琴就不扔了，我还有很多很多的曲子呢！

我父亲和两个姑妈（还有一个姑妈小时候就送人了）经常来看望公公亲娘，我父亲因为在船上方便，来得更勤一点，每次来总带点米和菜。只有大伯不同意亲娘和公公在一起，从来没有来无锡看望过。我妈妈对公公很好，她给公公做衣服，总是主动叫父亲送米送菜。公公死了以后，每年过年在家里除了供亲公公外，还供阿炳。所以后来看迷信的讲，同时供两个男人，家里会不太平。

我公公阿炳是怎么死的，我已经不记得了。亲娘董彩娣死，有些事我还记得清楚。那时我好像已经离开无锡，回北澛老家了。亲娘的尸体是我父亲和大伯运回北澛的。我还记得亲娘的尸体是停在老家大门外的场上的，因为村上姓钟的老人讲，她改嫁了，就是外头人了，不是钟家的人了，不能进屋。村上姓钟的老人看不起亲娘，总听到他们讲，你亲娘不学好，好吃懒做，抽大烟。

大概是在 20 世纪 70 年代，有一次我在收音机里听到一支曲子，觉得这个音乐熟悉得不得了！我就想，这个音乐我怎么会这么熟悉呢？直到最后，收音机里报出这支曲子的名字叫《二泉映月》，拉的人是阿炳，我才突然想起来，这就是我小时候经常听到的、公公用二胡拉的音乐！

2008 年 4 月 24 日

附录一　瞎子阿炳小传（1952 年版）

杨荫浏

瞎子阿炳原来的名字，叫作华彦钧，小名阿炳，江苏无锡人，生于一八九三年（癸巳年）阴历七月初九日，卒于一九五〇年（庚寅年）十二月四日（阴历十月二十五）；照旧时的算法，他死的时候，是五十八岁。

他的父亲和母亲很早就死了；他的父亲究竟叫什么名字，连他自己都不知道。他从小就过继与本地雷尊殿的当家道士华清和做儿子，成了一个小道士。华清和号雪梅，是无锡东亭镇人，音乐很好，中国乐器，样样都奏得不差，其中以琵琶为最精。瞎子阿炳从小孩子时代起，就从华清和学习音乐技术。后来他遇到他所喜欢的曲调，能奏的不管是谁，他都竭力设法跟他去学。结果，本地流行的乐器，他几乎样样都会，而且都奏得相当地好。

他做道士的时候，因为爱奏音乐，同时参加了吹鼓手的集团，在人家婚丧喜庆时，到街头仪仗中去演奏；因了参加吹鼓手的集团，道士们以为他丧失了道士们的面子，把他排挤出了道士们的集团，这样，他便变成了吹鼓手。他当吹鼓手时，又因为爱奏音乐，时时到广场市集的所在，立出场子，当众演奏，或游行街头，让人家叫他去演奏；因此，吹鼓手们又以为他违背了他们的习惯，又把他从吹鼓手们的集团中排挤了出去，这样，他便变成了纯粹的一位街头流浪的艺人。

他原来并不是瞎子，在他三十五岁（一九二七）的时候，他害眼睛（患目疾），没有及时得到治疗，竟变成了两眼全瞎。从此以后，人家便叫他瞎子阿炳；他原来的名字，便渐被一般人忘记了。他自己也常叫人不要用他原来的名字，他说："华彦钧这一名字，我久已不用了，谁都不知道；你们还是叫我瞎子阿炳的好，因为街上很多人所熟悉的，就只是瞎子阿炳这个名字。"

也有人把阿炳当作叫花子看待，但，其实，他与一般寄生于社会的叫花子们却截然不同。他从来没有随便地收取过人家一个施舍的大钱；他是纯粹靠演唱来维持生活的；他从来没有做过向人乞怜的样子；人家叫他奏，他才奏，叫他唱，他才唱，人家给他报酬，不管多少，他并不道谢，并不争多嫌少；有时人家请他奏唱，即使不给他钱，他也一样很高兴地给他们奏唱。

他在无锡市里，是大家都知道的。以前曾到无锡去过的人，若曾看见一位两眼全瞎，但毫无理由地戴着一副黑玻璃眼镜，同时，胸前背上挂着琵琶胡琴等乐器，手里拿着三片竹片，累累赘赘，在街上行走的，这人便是瞎子阿炳。但要知道，他不但会独奏这些乐器中的每一样，而且他还能唱，他能自己拉着胡琴或弹着琵琶，伴奏他自己的歌声。他又有创作歌词的天才。他每天到几处小小的摊头上或香烟铺子里去，叫人家讲给他听当日的新闻；他上午所听到的新闻，下午已在他的歌喉中，用着有节拍、合音韵的歌词方式唱出。

在敌伪统治无锡的时候，关于抗日战争的消息，自然在报纸上是看不到的。但瞎子阿炳歌唱的嘴，却始终不是敌伪暴力所能钳住。他唱了许多不利于敌伪的新闻。虽一再受到警告，他也全不理会。

1950年夏天，我们去请他演奏的时候，他说："我不奏音乐，已经两年了，我的技术荒疏了，我的乐器，也都破坏得一样都不能用了。"问他不奏音乐的原因，他说："两年以前，一个夏天的日子，我到街头演奏，忽然一阵大雨，把我的身子和我的乐器打得通湿。我在雨中行走的时候，忽然斜里冲来一辆人力车，把我撞倒了，把我的琵琶摔开了，车上拉手的柄儿，把我胡琴上的蛇皮戳穿了。同一天夜里，老鼠咬断了我胡琴弓上的马尾。你想！老鼠吃蛇皮，是可能的，老鼠咬断擦满松香的马尾，那是多么非常的事！一天一夜中间，连碰上三四次不幸的事件，这些不幸的事件，又都是指定了我的乐器而发生！那绝不是好兆！从此以后，我就再也不敢动手演奏了。”我们再三说服他，他总算答应了，说：“我荒疏太久了，让我练上三天，再演奏吧！”我们立刻从乐器店里给他借一把新的胡琴，又借给他一个新的琵琶。当天晚上，我们便看见他拉着胡琴在街头出现。明天，我们去问他：“你昨天练习得怎样？”他说：“我晚上在街头练习了两个钟头左右。”到了第三天晚上，他便为我们演奏了本书所列的六个曲调。若听了他的演奏，谁都会惊奇，他完全荒疏了两年，仅仅在街头上“练习”了三天，还是何等的熟练和坚强。现在关于他所奏的六曲，中央音乐学院研究部都存有钢丝录音，可惜其中《龙船》一曲，因开得太多，略有损坏，已带有很多的噪音；北京中央人民广播电台和天津人民广播电台也都存有转录的副本。此外，中央人民广播器材厂已从中央音乐学院研究部所藏原本翻制留声机唱片三片（琵琶曲与胡琴曲各三面），以资传播。

瞎子阿炳对他这一次的演奏，自己并不认为十分满意。当我们请他多录几曲的时候，他不大愿意。他说：“我荒疏太久了，两只手不听我的话，奏得太坏了，我自己听着，不大顺耳。我很高兴给你们录音，但我要求你们

《瞎子阿炳曲集》(1952 年版)

耐心一点，等我温习了一个时期，然后继续录音。”当时我们和他约定，在一九五〇年寒假中或一九五一年暑假中再给他录音。

但事情变化出于意料之外！一九五一年一月得友人黎松寿来信说阿炳吐血病故了。

所以，我们所能有的阿炳的曲调，就只是这六曲；而阿炳的照片，我们则始终没有能得到！

去年夏天，忽略了摄取阿炳的照片，后来没有争取时间，主动介绍阿炳，使他参加新曲艺的工作，获得适当的照顾，这是我极大的错误！我们觉得非常遗憾！

瞎子阿炳能在他的胡琴上模仿鸡鸣狗吠、各种禽鸟的歌声、男女哭笑叹息和用无锡土白讲话的声音。但这些，都不是他自己所重视的。他以为这些玩意儿，不能算作音乐，讲不上什么好坏，只能偶然用来在“外行人中间，凑凑趣儿”；在他所认为“音乐内行”的人中间，他是不愿意弄这些的。有时在“音乐内行”者要他玩这些东西时，他似乎觉得是轻视了他的音乐，往往现出失望和不高兴的神情，而加以无情拒绝，他说：“你要听这些东西干吗？我希望你赏识的，是功夫（指技术）和神韵（指表达力量）啊！”这样，他对自己的演奏，似乎取着非常严肃的态度。

著者除了在听众中间听过他几次演奏以外，和他曾发生过几次比较密切的关系。第一次是一九一〇年，我曾跟他学习在三弦和琵琶上寻到《梅花三弄》的弹法；第二次是一九三七年春间，他要我拨着他的手指，使他在琵琶上摸索到《将军令》曲中“撤鼓”的弹奏方法；最后一次，是一九五〇年夏间为他录音之后，他要我和他合奏一曲《梅花三弄》。那次，他在胡琴上拉出各种花腔的变化，要我用琵琶追着他的演奏进行。合奏完了，他感到十分痛快，“可惜我们不大容易会面啊！”真的，我们的会面，以《梅花三弄》开始，也是以《梅花三弄》为结束。从那一次以后，我就不再看见他了！

杨荫浏，无锡籍著名音乐理论家，中央音乐学院教授。主要论著有《中国音乐史纲》《中国古代音乐史稿》等。此文原载《瞎子阿炳曲集》，简谱版，杨荫浏、曹安和、储师竹合编，系中央音乐学院研究部资料丛刊，上海万叶书店1952年2月10日初版。

附录二　阿炳小传（1983 年版）

杨荫浏

阿炳原名华彦钧，小名阿炳，江苏无锡东亭小泗房人，生于 1893 年（癸巳年）阴历七月初九，卒于 1950 年（庚寅年）12 月 4 日（阴历十月二十五）；照旧时的算法，他死的时候，是虚岁五十八岁。关于阿炳的出生年月日，在他死后，逐渐产生不同的说法。不同的说法，一共有四个：1950 年阿炳亲口告诉我的是癸巳年（1893 年）阴历七月初九；据无锡市公安局清查户口档案，是 1892 年阴历七月初九；据阿炳隔房叔父华锡泉的记忆，是 1892 年阴历八月十八；根据阿炳妻董催弟的说法并写在阿炳牌位上的日期也是 1892 年八月十八。在这些互相矛盾的资料之间，我还相信，我所得到的是比较正确的。因为一个人的生年月日，他自己应该记得最为清楚。我问他生日，是在为他录音琵琶曲调刚刚完毕，一起喝茶吃点心自由谈笑之时。他说了他的生日，我也说了我的生日。他说：“我是癸巳年，属蛇。”我说：“我是己亥年，属猪。”他开着玩笑，用算命人的口吻说：“巳亥一冲，很容易记，不会忘掉。”从旧时出生的人，对于自己的生日，是不会弄错的。其叔父的回忆，未必一定正确；其妻的说法，显然是根据其叔父之言；户口档案，则显然是把虚岁误作实岁，在推算上提前了一年。

阿炳原来是本地雷尊殿当家道士华清和的独生儿子。华清和，号雪梅，是无锡东亭人，音乐很好，中国乐器，样样都奏得不差，其中以琵琶为最精。阿炳从童年起，就从他父亲学习音乐技术，后来凡遇到他所喜欢的曲调，不管谁会演奏，他都竭力设法去学，结果，本地流行的乐器，他几乎样样都会，而且都奏得相当地好。阿炳之母吴氏，原系秦姓寡妇，以帮佣为生。在旧时代，寡妇嫁人，为封建礼教所不容；吴氏初与华雪梅同居，即遭同族中间顽固分子的时时辱骂，说她败坏了秦家名声；生了阿炳之后，受辱更甚，终于被胁迫回秦家，于1896年悒郁而死。所以阿炳在虚岁四岁之时，就被夺去了母爱的温暖。

阿炳二十一二岁的时候，患了眼疾，又死了父亲。眼疾一天一天地恶化下去，到他二十六七岁的时候，瞎了一只眼睛。瞎了眼睛的道士，是得不到有钱的斋主们的欢迎的，所以，他三十岁左右，便只能离开了道门，开始以卖唱为生。他三十五岁的时候（1928 年）又瞎了一只眼睛，竟变成了两眼全瞎。从此以后，人家便叫他瞎子阿炳；他原来的名字，便渐被一般人忘记了。他自己也常叫人不要用他原来的名字，他说："华彦钧这一名字，我久已不用了，谁都不知道；你们还是叫我瞎子阿炳的好，因为街上很多人所熟悉的，就只是瞎子阿炳这个名字。"

也有人把阿炳当作叫花子看待，但其实，他与一般寄生于社会的叫花子们却截然不同。他从来没有随便地收取过人家一个施舍的大钱；他是纯粹靠演唱来维持生活的；他从来没有做过向人乞怜的样子；人家叫他奏，他才奏，人家给他报酬，不管多少，他并不道谢，并不争多嫌少；有时人家请他奏唱，即使不给他钱，他也一样很高兴地给他们奏唱。

他在无锡市里，是大家都知道的。以前到过无锡的人，若曾看见一位两眼全瞎，但毫无理由地戴着一副黑玻璃眼镜，同时，胸前背上挂着笙、笛、琵琶等乐器，手里拉着胡琴或拿着三片竹片，累累赘赘，在街头上行走的，这人便是阿炳。但要知道，他不但会独奏所有这些乐器，而且他还能唱，他能自己拉着胡琴或弹着琵琶，伴奏他自己的歌声。他又有创作歌词的天才。他每天到几处小摊头上或香烟铺子里去，叫人家讲当日的新闻；他上午听到的新闻，下午已在他的歌喉中，用有节拍、合音韵的歌词方式唱出。

阿炳爱恨分明，他经常运用他的歌喉，对旧社会的邪恶势力、卑劣行为进行暴露和抨击。抗战以前，有恶霸地主顾某，强奸其家幼年婢女，阿炳知道了，编成歌词，到处演唱，引起群众公愤，吓得顾某销声匿迹，多时不敢公开露面；江苏民政厅长缪斌恃势占用雷尊殿为养马场，阿炳很气愤，又编了歌词，连日到缪家门前去高声歌唱，终于使缪斌的母亲觉得不好意思，而出面叫人把马牵走。抗战期间，他曾用歌声抨击了投敌当汉奸的游击队长章某，揭露了当地五分局警察局长李某所做的坏事，又编了“汉奸的下场”等歌词以警告投敌的败类。抗战胜利以后，他曾唱出“前走狼，后走虎，世上猫子吃老鼠”和“金圆券满天飞”等歌词，对国民党进行讽刺。他自编自唱的这类富有战斗性的歌曲，估计为数不少，可惜当时没有人能把它们一一听写记录下来。

他的乐器演奏，更能受到群众的欢迎与爱好。在他逝世之后，城市工人、小手工业者、职业音乐者仍然能记忆起他借着演奏，曾如何长期地充实了大家的精神生活。他和孩子们欢乐的接触，也曾是街头情景中动人的一幕。遇到节日假期，常有好些孩子簇拥着他在街头行走，成为一个欢乐的友谊队伍。走到适当的空旷场所，孩子们就建议他停止下来。他们围绕着他，站成一个圆形的场子，然后让他在中间安然奏唱。他唱小曲、奏乐。他奏唱了一回，孩子们就又代他向周围的人收集大家所乐意付出的报酬，交他收起。这是当地人所常见的事。

1950 年夏天，我们去请他演奏的时候，他说："我不奏音乐，已经两年了，我的技术荒疏了，我的乐器，也都破坏得一件都不能用了。"问他不奏音乐的原因，他说，两年以前，有一天，他白天遭遇了许多不幸的事，当天晚上，老鼠又咬断了他胡琴上的拉弓，咬穿了鼓头上的蛇皮，他觉得不是好兆，就立誓从此不再演奏了。

从表面看来，他所以不再演奏，虽然好像是由于迷信，但那实际还并不是主要的。据后来的了解，在他停止演奏之前，他曾受到统治者以及当时上层社会的侮辱与打击，是经常的，是不可忍受的。无锡的群众，常能讲得出阿炳受到压迫的一些故事。例如，有一天晚上，在无锡的一个饭店里，有几个卑劣无耻的军官，带着几个舞女在痛饮狂舞。他们约了阿炳出去，并不是为了想听他的音乐，却命令他给他们伴舞。在这样的情况下，阿炳满肚子的不舒服，他毫不客气地严词拒绝。其中有一个军官拿出他压迫人民经常使惯了的"威风"，打了阿炳几下耳光。但暴力并不能叫阿炳屈服。阿炳还是不肯伴奏，他也不肯说一句服软的话。他一声不响，回过身子，掉头而去。旧社会恶势力的压迫，使他感觉到前途的黑暗。

阿炳曲集（1983 年版）

他倒霉，他痛苦。由于思想限制，他并不能清楚看出自己周围的阶级敌人。正像当时好些与他受到同样命运的人一样，他或多或少地吸收了旧社会统治阶级所用以麻醉人民的宿命迷信的毒素，他不能见到别的，他只知道归罪于一种超自然的力量，而把老鼠视为对他宣布不幸命运的使者。

事隔多时，无锡解放了。在新的环境中，他的心情就变得愉快了。我们虽然听到他讲述自己曾经誓言不再演奏，我们虽然准备着用较多的时间向他进行说服，但在短短的谈话之后，他非但一说就通，而且还欣然表示从此将继续努力，多多练。过去他曾断然决定不再演奏，现在他却又表示非常乐于演奏。从他前后相反的这一情形，正可以见得，是两种不同的社会在他心中唤起两种不同的反应；决定他演奏与否的，是真实的社会环境，决然不是那虚幻的对于命运的迷信——那种迷信，终于落到了十分次要的地位。

到他答应我们演奏的时候，他坦率地对我们说：“我荒疏太久了，让我练上三天，再演奏吧！”我们立刻从乐器店里给他借一把新的胡琴，又借给他一个新的琵琶。当天晚上，我们便看见他拉着胡琴在街头出现。第二天，我们去问他：“你昨天练习得怎样？”他说：“我晚上在街头练习了两个钟头左右。”到了第三天晚上，他便为我们演奏了六个曲调。若听了他的演奏，谁都会惊奇，他完全荒疏了两年，仅仅在街头上“练习”了三天，这是何等的熟练和坚强。现在关于他所奏的六曲，音乐研究所存有钢丝录音，可惜其中《龙船》一曲，因开得太多，略有损坏，已带有很多的噪音。中央人民广播器材厂已从录音钢丝翻制留声机唱片三片（琵琶曲与胡琴曲各三面），以资传播。

阿炳对他这一次的演奏，自己并不十分满意。当我们请他多录几曲的时候，他不大愿意。他说：“我荒疏太久了，两只手不听我的话，奏得太坏了，我自己听着，不大顺耳。我很高兴给你们录音，但我要求你们耐心一点，等我温习一个时期，然后继续录音。”当时我们和他约定，在 1950 年寒假中或 1951 年暑假中再给他录音。

但事情变化出于意料之外！ 1950 年 12 月阿炳突然吐血病故了。

所以，我们今天听到的阿炳的曲调，就只有这六曲了；而阿炳的照片，我们所得到的，仅是他四十几岁时贴在身份证上的一张照片。

1950 年夏天，忽略了摄取阿炳的照片，后来没有争取时间，主动介绍阿炳，使他参加新曲艺的工作，获得适当的照顾，这是我们极大的错误！我们觉得非常遗憾！

阿炳能在胡琴上模仿鸡鸣狗吠、各种禽鸟的歌声、男女哭笑叹息和用无锡土白讲话的声音。但这些，都不是他自己所重视的。他以为这些玩意儿，不能算作音乐，讲不上什么好坏，只能偶然用来“凑凑趣儿”；在他所认为“音乐内行”者中间，他是不愿意弄这些的。有时在某一位“音乐内行”者要他玩这些时，他似乎觉得是轻视了他的音乐，往往现出失望和不高兴的神情，而加以无情的拒绝，他说：“你要听这些东西干吗？我希望你赏识的，是功夫（指技术）和神韵（指表达力量）啊！”从这，可见他对自己的演奏，一向有着非常严肃的态度。

我个人除了在听众中间听过他几次演奏以外，和他曾发生过几次比较密切的关系。第一次是 1911 年，我曾跟他学习，在三弦和琵琶上寻到《三六》《四合》和其他一些曲调的弹法。第二次是 1937 年春间，他要我拨着他的手指，使他在琵琶上摸索到《将军令》曲中“撤鼓”的弹奏方法。第三次是 1947 年夏间，当无锡道教艺人应红豆馆主及其在上海银行界中的学生的邀请，行将赴沪演奏《十番锣鼓》和《十番鼓》，事前约我为他们排练之时，我请阿炳来旁听，他听了说：“我听着听着，仿佛在和大家一同演奏，以前乐事，重上心头，真是不可多得。”最后一次，是 1950 年夏间为他录音之后，他要我和他合奏一曲《三六》。那次，他在胡琴上拉出各种花腔的变化，要我用琵琶追着他的演奏进行。合奏完了，他感到十分痛快，说："可惜我们不大容易会面啊！" 真的，我们的会面，以《三六》开始，也是以《三六》为结束。从那一次以后，我就不再看见他了！

阿炳前后二妻，都是在旧时代中饱受苦难的可怜的妇女。前妻名阿珠，原是被大户人家遗弃的"妾"。后妻名董催弟，其前夫贫困而死，遗下两个女儿，两个儿子；自抗战前夕改嫁阿炳后，并未生育。董催弟前夫儿子所生的女儿过继给阿炳为孙女，名华求弟。华求弟生于1944年1月15日，现在江阴北澜工厂里工作。

董催弟死于1950年11月，距阿炳之死仅二十九天。

此文原载《阿炳曲集》，线谱版，中国艺术研究院音乐研究所编，人民音乐出版社 *1983* 年 *4* 月北京第 *1* 版。

附录三　华彦钧（阿炳）年谱（修订稿）

许墨林

1893 年，一岁

8 月 20 日（癸巳年农历七月初九），阿炳出生于江苏无锡雷尊殿旁“一和山房”。父亲华清和（号雪梅）为无锡洞虚宫雷尊殿当家道士。母亲是无锡秦家寡妇，一说姓吴，一说姓严，一说姓陈。母亲在阿炳出生后一年（一说为三年）就去世。

1893—1900 年，一至八岁

华清和把阿炳送至无锡县东亭镇小泗房巷老家（小泗房巷为道士村），托族里弟媳抚养，直至八岁。

1901 年，九岁

华清和把阿炳领回城中教养，取道名华彦钧，小名阿炳。华清和对外称在老家领养了小道士，阿炳称华清和为师父。

1903 年前后，十一岁前后

阿炳跟华清和学《三字经》，读《百家姓》，练习润红字（毛笔书法）。

1904 年前后，十二岁前后

阿炳随华清和学习乐器。华清和精通道教音乐，吹拉弹拨样样皆能。阿炳在华清和的严格教习下勤学苦练，进步很快。

1908 年前后，十六岁前后

华清和带阿炳外出参加斋事活动。阿炳帮助管理乐器、法具。阿炳对音乐产生浓厚兴趣，特别喜爱二胡、琵琶，自觉进行苦练，技艺日益长进，能演奏多种道教音乐曲牌和民间小调的各种曲调。

1911 年前后，十九岁前后

阿炳正式参加道教音乐吹奏。他长得一表人才，演技出色，被誉为“小天师”。

民族音乐家杨荫浏教授第一次和阿炳接触，时年十三岁的杨荫浏跟阿炳学习，在三弦、琵琶上寻到《三六》《四合》和其他一些曲调的弹法。

1912 年，二十岁

洞虚宫三清殿拆除，改建无锡县图书馆。雷尊殿虽保留，在新思潮冲击下，道教业务受到影响。

1913—1923 年，二十一至三十一岁

阿炳随父华清和在雷尊殿从事职业道士生涯。

1924 年，三十二岁

正月，遵照“祖遗”，火神殿当家顾秋庭和雷尊殿当家华清和立“拨付议据”，明确雷尊殿香火与火神殿挨年轮值。阿炳父亲华清和在“拨付议据”上签字画押。

按，每年农历六月是雷尊殿的香汛，称为“雷斋素”，逢此香汛，前来烧香跪拜，祈祷避免雷击、消灾避祸的善男信女川流不息，非常热闹。据火神殿客师尤武忠回忆：“一年一度的香汛香客留下的锡箔灰、香烛、香钱是雷尊殿一笔好收入，一般可供当家住持吃两年。”

1925—1928 年，三十三至三十六岁

父亲华清和辞世。

阿炳继承父业，成为雷尊殿当家。

因生活失检，阿炳染上吸毒宿娼之恶习，导致经济入不敷出，双目先后失明。为生活所迫，开始走上街头，以卖艺为生。

卖艺中，阿炳经常运用说新闻的形式，把在茶馆、酒楼、烟馆、旅馆以及报纸上听到的新闻，编成押韵的词句和唱段，敲响竹板，到处演唱。

1932 年，四十岁

1 月 28 日，日本侵略军进攻上海，十九路军在全国人民抗日高潮的推动下进行英勇抵抗，给日军以沉重打击。阿炳将此事迹编成唱词，在卖唱中宣传。

初夏，阿炳在施弄小烟铺里结识江阴北澛农村寡妇董催弟（时年四十四岁），产生感情，结为夫妻。阿炳生活上得到照顾。两人相依为命上街卖艺。《二泉映月》（当时为无标题音乐）乐曲片断逐渐在卖艺中奏出。

1934 年，四十二岁

阿炳与浙江桐乡县人范伯寿结为琴友。范伯寿邀请阿炳到旅社合奏《三六》等曲子，范对阿炳演奏技艺十分欣赏，并在生活上给予接济。阿炳毫不保留地将他的琵琶曲《龙船》《大浪淘沙》教给范伯寿。后来范又按阿炳的指法重新谱了《昭君出塞》。由此推算，阿炳的现存三首琵琶曲创作于1934年前，以后又在演奏中不断加工，直至录音定稿。

1935年，四十三岁

全国学生运动，学生们上街请愿游行，要求立即对日宣战。冬，上海大学生一万余人赴南京请愿，在无锡火车站遭到国民党阻挡。无锡民众起来支持请愿学生。阿炳听到消息，编成唱词，在崇安寺三万昌茶馆前说唱。无锡警察一分局局长高崇山派人冲场子，听众舆论支持阿炳，阿炳坚持说唱。

1937年，四十五岁

春间，阿炳要杨荫浏拨着他的手指，使他在琵琶上摸索到《将军令》曲中“撤鼓”的弹奏方法。

“八·一三”事变后，无锡遭到日寇轰炸。阿炳和董催弟到东亭乡下避难。其间，结识爱好音乐的邓南生医师，两人合乐，邓南生让房给阿炳夫妇暂住。

东亭避难期间，阿炳得悉羊尖镇艺人袁仁仪琴艺高超，擅唱“游码头”等民间小调，是清代末叶第一个拿着胡琴闯上海的锡剧艺人。袁仁仪正借住徒弟邢长发家中，阿炳登门访问，切磋琴艺，听了袁仁仪演奏后，要拜袁为师。以后又二访袁仁仪，请袁仁仪传授胡琴技艺。

1938 年，四十六岁

日伪政权控制无锡，伪县长杨高伯飞扬跋扈，无恶不作。游击队潜入光复门内，处决了这个民族败类，日伪关闭城门搜查。阿炳喜获消息编成唱词，在三万昌茶馆前说唱，人心大快。

同年，阿炳用说唱痛斥汉奸、伪无锡县政府侦缉队队长吴正荣（绰号“沙壳子阿大”）敲诈勒索、鱼肉乡亲的罪行，在收场时说：“啥人要去报信害我，叫他绝子绝孙，天诛地灭。”

1939—1942 年，四十七至五十岁

阿炳在卖艺中，编讲惠山听松石床的民间传说，歌颂岳飞大败金兀术英雄业绩，寄托他盼望抗战胜利的心愿。并以此为题材，创作演奏了充满爱国热情的二胡曲《听松》。

日后命名的《二泉映月》成为阿炳卖艺行进中经常拉的曲调，以更深沉、更优美的旋律响彻在无锡的大街小巷。

1945 年，五十三岁

8 月，抗日战争胜利以后，国民党发动内战，政治腐

败，经济萧条，物价飞涨，民不聊生。阿炳不满现实，说唱《金圆券满天飞》嘲讽国民党统治腐败，唱词：“金圆券，满天飞，花花绿绿好东西。早上可以买头牛，晚上只能买只鸡。十万金圆券，只够量升米。”

国民党政府苛捐杂税多如牛毛，民怨如沸，阿炳编成唱词，辛辣讽刺。如“印花小，发票长，本来印花贴在发票上；捐税多，印花长，发票只能贴在印花上”。

1947 年，五十五岁

阿炳生活日益困难，升泉茶馆老板吴大海要收回已经典给他的半间住房，阿炳贫困交迫。阿炳从下半年起，终止晚间卖艺，有时白天也不上街说唱了。

同年夏间，无锡道教艺人应上海红豆馆主及其在上海银行界中的学生邀请，赴沪演奏《十番锣鼓》和《十番鼓》。行前，请杨荫浏先生为他们排练。杨荫浏邀请阿炳旁听。阿炳听了说：“我听着听着，仿佛在和大家一同演奏，以前乐事重上心头，真是不可多得。”

1948 年，五十六岁

春间，阿炳被国民党当局关进中独山戒烟所。释放后，无法再行卖艺，百感交集，拉出了二胡曲《寒春风曲》。（另一说法：《寒春风曲》成于其父华清和死后，阿炳悲痛异常，深感孤零，无所依靠，犹如春寒料峭，难熬难挡。）

1949 年，五十七岁

4 月 23 日，无锡解放。

1950 年，五十八岁

夏间，中央音乐学院杨荫浏教授、曹安和女士来锡为阿炳演奏录音。阿炳十分感动，说，“我已经三年左右不奏乐了，乐器也没有，荒疏太久了，让我练上几天，再演奏吧！”杨荫浏借了胡琴、琵琶给阿炳。当天晚上，阿炳便拉着胡琴出现在街头。

首次录音在城中公园三圣阁进行，这次录的是三首二胡曲《二泉映月》《听松》《寒春风曲》。在场者：阿炳、董催弟、杨荫浏、曹安和、黎松寿、曹志慧、曹培灵、祝世匡、许望声、王鸿铎等。阿炳正式录音前由曹安和先报曲名。《二泉映月》原先是无标题音乐，试奏以后，问阿炳叫什么曲名。阿炳说：“无名。”经大家商量，这曲子被定名为《二泉映月》。第二次录音，在曹安和女士位于无锡盛巷的家中进行，录了阿炳创作演奏的三首琵琶曲：《龙船》《大浪淘沙》《昭君出塞》。

录音以后，杨荫浏教授和阿炳约定，同年寒假或第二年暑假再来录音。阿炳提出要和杨先生合奏《三六》(即《梅花三弄》)，阿炳在琴上拉出各种花腔变化，要杨先生追着他的演奏进行。

9月以后，中央音乐学院民乐系专业分析研究认为，阿炳乐曲杰出，演奏精湛，要请阿炳去音乐学院开《二泉映月》和《听松》音乐会，并拟聘请他去中央音乐学院任教。此时阿炳病中卧床，引为终身憾事。

12月4日（农历十月二十五），阿炳沉疴不起，吐血逝世，享年五十八岁。死后葬无锡西郊璨山脚下“一和山房”墓地。

阿炳死后，农历的同年除夕或次年的正月初一，董催弟病故（据华寅生回忆）。

（两人户口底册上记载的出生和死亡时间分别是：华阿炳，1892年7月9日—1950年12月12日；董氏，1889年1月8日—1951年3月27日。——资料来源：无锡市公安档案馆“著名音乐艺人华阿炳的户口底册”，编号：0200-SW2-4.1-0017）

许墨林，无锡籍作家，无锡文史研究专家。

附录四　阿炳《二泉映月》的流播

黑陶

阿炳二胡曲《二泉映月》，以其鲜明的中国民间风格和深刻的人性思想内涵，和长江、黄河、万里长城一样，已经成为中国的象征之一。

自1950年9月录音以来，短短半个多世纪的时间，《二泉映月》已经从无锡出发，走向中国，传遍世界，成为人类音乐宝库中的不朽经典。

毛泽东在20世纪50年代初于上海听了二胡曲《二泉映月》后，评价说："它具有浓郁的民间风味，很好，要发扬光大之。"

1959年，新中国成立十周年大庆，众多国家派遣使节，云集北京庆贺。中国人民对外文化协会精选了十首最具代表性的中国经典民族器乐曲，制成唱片，作为贵重礼品，分赠前来我国参加盛典的国际友人。其中的二胡曲《二泉映月》，获得高度评价，开始走出国门。

中国唱片社曾将阿炳于 1950 年夏演奏此曲的钢丝录音制成唱片，广销海内外。

1985 年，《二泉映月》在美国荣获世界十大音乐经典作品之一的荣誉。

《二泉映月》并不仅仅限于二胡独奏，迄今它已被改编为多种演奏形式，如，彭修文将此曲改编成民族器乐合奏曲，吴祖强改编成弦乐合奏曲，丁芷诺、何占豪改编为小提琴独奏曲，丁善德改编成弦乐四重奏，等等。

《二泉映月》在国际乐坛也不胫而走，广泛流传，成为众多著名乐团演奏的经典曲目。美国波士顿交响乐团、费城交响乐团，德国斯图加特室内乐团，法国里昂交响乐团，都先后演奏过这支名曲。

法国和意大利等众多国家的电台，都播放过《二泉映月》。

一位英国音乐家在美国的一场音乐会上，听了《二泉映月》之后，激动地对一位贝多芬的故乡人说："中国的贝多芬！中国的《命运》！"

2008 年，无锡籍著名二胡演奏家邓建栋，带着《二泉映月》这首经典二胡曲目，走进维也纳金色大厅，为喜爱中国音乐及渴望了解中国音乐的奥地利人民带去了一场音乐盛宴。这是中国的二胡独奏首次进入金色大厅。

因为展示了独特的民间演奏技巧与风格，表达了无与伦比的、深邃的情感和思想意境，呈现了中国二胡艺术的独特魅力，《二泉映月》获得了“20世纪华人音乐经典作品奖”。

2007年10月24日，中国第一颗探月卫星“嫦娥一号”，在西昌卫星发射中心成功升空。《二泉映月》作为搭载音乐，随我国这一以中国古代神话人物嫦娥命名的首颗绕月人造卫星，进入太空。

以《二泉映月》为代表的阿炳音乐，已在1997年入选《世界记忆遗产名录》。《世界记忆遗产名录》是指符合世界意义，经联合国教科文组织世界记忆工程国际咨询委员会确认而纳入的文献遗产项目，是世界文化遗产保护项目的重要延伸。

阿炳及其《二泉映月》，以其特殊的艺术魅力和广泛的影响力，在众多其他的艺术形式中同样得到一再表现。

广播剧。1978年10月1日，国庆节，中央电台制作播出了“文革”后的第一部原创广播剧《二泉映月》，播出之后引起强烈反响，受到全国听众的热烈好评。

电影。1979年，八一电影制片厂拍摄完成彩色电影《二泉映月》，片长110分钟，导演严寄洲，主要演员郑松茂、袁梦娅、张勇手、陶玉玲等。

连环画。连环画《二泉映月》，毛震耀绘画，上海人民美术出版社1980年12月出版。电影连环画《二泉映月》，魏童改编，中国电影出版社1981年9月出版。

锡剧。1993年，为纪念阿炳诞生一百周年，无锡市锡剧团（后改为无锡市锡剧院）创排锡剧《瞎子阿炳》。1995年，又推出新版锡剧《二泉映月》。2012年，无锡市锡剧院重新创排现代锡剧《二泉映月·随心曲》，首演后获好评，应邀参加纪念毛泽东《在延安文艺座谈会上的讲话》发表七十周年优秀剧目展演，参加第十四届中国上海国际艺术节演出，在第十三届中国戏剧节上获得优秀剧目奖。著名锡剧表演艺术家小王彬彬，十年间曾在三个版本中出演阿炳。

芭蕾舞剧。1997年，辽宁芭蕾舞团创排芭蕾舞剧《二泉映月》。全剧分《翠竹掩月》《中秋揽月》《彩云追月》《古府蚀月》《黄泉沉月》五幕。剧中人物的设定、情节的铺陈、偏话剧的表演方式独具特色，被誉为新世纪中国芭蕾舞剧史上里程碑式的舞剧作品。该剧参加1997年全国舞剧观摩演出，获得中宣部“五个一工程奖”、第六届中国戏剧节优秀剧目奖，入选2005—2006年度国家舞台艺术精品工程“十大精品”剧目。

民族舞剧。1999年2月，无锡歌舞团推出大型民族舞剧《阿炳》。该剧用民族舞与现代舞的结合来刻画人物，用诗化的手法讲述故事，在简约的造型和舞美中探求国画和禅宗的意境，以科技的声光和影视手段来丰富场景的层次，强化视觉冲击。由此，舞剧《阿炳》获得成功。曾应文化部邀请，参加庆祝中华人民共和国成立五十周年优秀剧目献礼演出，获得文化部第九届文华大奖、第六届中国艺术节大奖。

歌曲。歌曲《二泉映月》，阿炳作曲，王健填词，收录于 2009 年 4 月发行的同名专辑。歌唱者非常准确地把握原乐曲用二胡演奏的效果，对细微的音符和节奏演绎得十分到位，表现出非同一般的歌唱技巧。

越剧。2014 年 5 月，浙江小百花越剧团为庆祝建团三十周年，创排推出大型新编越剧《二泉映月》。该剧由著名戏剧导演郭小男执导，由著名表演艺术家茅威涛主演。全剧以盲人艺术家阿炳横跨半个多世纪的苦难人生历程为线索，深入挖掘阿炳的灵魂境遇，构建其生命特质与音乐灵魂，首次在越剧舞台上塑造出阿炳这一伟大的民间音乐艺术家形象。“小百花”令人叹为观止的舞台美学和茅威涛炉火纯青、出神入化的表演，成就了一个“史上最帅阿炳”。

民族歌剧。2017 年 9 月，由江苏省文化厅、无锡市人民政府共同打造的民族歌剧《二泉》，入选文化部 2017“中国民族歌剧传承发展工程”重点扶持剧目名单。

阿炳音乐的整理出版情况，大致如下：

《瞎子阿炳曲集》，杨荫浏、曹安和、储师竹合编，上海万叶书店印行，1952 年。

《瞎子阿炳曲集》，杨荫浏、曹安和、储师竹合编，新音乐出版社，1954 年。

《阿炳曲集》，中央音乐学院中国音乐研究所编，音乐出版社，1954 年。

《阿炳曲集》，文化部文学艺术研究院音乐研究所编，人民音乐出版社，1979 年。

《阿炳曲集》，线谱版，中国艺术研究院音乐研究所编，人民音乐出版社，1983 年。

《阿炳曲集》，简谱版，文化部文学艺术研究院音乐研究所编，人民音乐出版社，2003 年。

《阿炳（华彦钧）作品全集》，龙音编辑委员会编，上海音乐出版社，2012 年。

作为《二泉映月》流播世界的源头之地，家乡无锡人民怀念着阿炳。

阿炳 1950 年病逝后，即葬于无锡西郊璨山明阳观东的道士墓地。1953 年，中国音乐研究所和无锡市文学艺术工作者联合会为阿炳墓立金山石墓碑。“文革”初期，阿炳墓及碑被推倒平掉。1979年，无锡市博物馆寻找到阿炳原墓废址并拾骨，阿炳遗骸得以保存。

1983年，阿炳诞生九十周年时，无锡有关部门择址无锡惠山头茅峰东麓（锡惠公司内），为阿炳迁葬另建新墓。墓地呈音乐台形制，由无锡著名造园专家李正教授设计。

1993年，为纪念阿炳诞生一百周年，在阿炳墓前塑成阿炳铜像。铜像高1.9米，重约1吨，由无锡籍著名雕塑家钱绍武创作，表现了阿炳在寒风中边操琴边行进的神态气度。

除阿炳墓前的铜像外，在无锡的崇安寺二泉广场和鼋头渚人杰苑，也都塑有阿炳雕像，供海内外人士瞻仰、纪念。

无锡城中雷尊殿阿炳故居、东亭小泗房巷阿炳故居（现改称为阿炳祖居），均得到妥善修缮和保护。雷尊殿故居，阿炳出生于此，逝世于此。1994年1月24日，无锡市人民政府在崇安寺的图书馆路24号至30号以及42号至50号，即雷尊殿道观旧址，修复阿炳故居，建立阿炳纪念馆，对外开放，并公布为市级文物保护单位。2002年，纪念馆被列为江苏省文物保护单位。2004年，无锡有关部门斥资近5000万元，再次对阿炳故居进行修复。2006年5月25日，阿炳故居被列为全国重点文物保护单位。

阿炳塑像（钱绍武雕刻）